W0299173

KLEINE AUSZEITEN
IM

-ALLGÄU-

KLEINE AUSZEITEN
IM

-ALLGÄU-

MAREIKE BUSCH

WOCHENEND & WOHNMOBIL

CAMPING- & STELLPLÄTZE · HIGHLIGHTS · AKTIVITÄTEN

BRUCKMANN

INHALT

Herrlich: sich am Gipfel die Sonne auf den Bauch scheinen lassen

BERGE, BURGEN, BRAUCHTUM

Naturerlebnisse und Kulturgenuss im Allgäu

Auf die Brotzeit aufpassen! Dohlen begegnen Wanderern auf vielen Gipfeln.

Wenn man von Norden Richtung Allgäu fährt, kommt irgendwann dieser magische Moment: Hinter einer Kuppe erheben sich plötzlich die Alpen am Horizont. Dann kommt man den Bergen immer näher und gleichzeitig steigt die Vorfreude. Es warten aussichtsreiche Wanderungen und Radtouren, gemütliche Tage am Wasser und interessante Altstädte.

Im Allgäu kann sich jeder nach seinen Wünschen eine Auszeit gönnen. Sportler erklimmen die felsigen Gipfel der Hochalpen. Naturliebhaber und Erholungssuchende erkunden die liebliche Hügellandschaft mit ihren Mooren und Seen. Viele Altstädte laden zu einem Rundgang durch die Geschichte ein. Ebenso spannend sind die Burgen, Klöster und Freilichtmuseen der Region.
Das Gute ist: Ein Kurztrip ins Allgäu lohnt sich immer, wenn man ein paar Tage Zeit hat. Sollte der Wetterbericht Wolken und Regen ankündigen, packt man Regenjacke, Schirm und wasserdichte Schuhe ein und erkundet die kulturellen Sehenswürdigkeiten der Region. Anschließend wärmt man sich in einer der Thermen wieder ordentlich auf. Auch vor kleinen Wanderungen sollte man bei weniger gutem Wetter nicht zurückschrecken. Dann ist man oft allein auf den Wegen unterwegs und lernt die Natur in einer ganz besonderen Stimmung kennen. Wenn die Nebelschwaden über die Wälder ziehen und die feuchten Blätter der Bäume kräftig grün leuchten, kann das richtig schön sein. Außerdem zeigt die Erfahrung: Oft wird es gar nicht so schlimm wie vorhergesagt. Dann wäre es doch schade, wenn man zu Hause sitzt.

DIE BESTEN JAHRESZEITEN

Dieses Buch empfiehlt vor allem Aktivitäten für die warmen Monate. Aber das Allgäu ist auch den Rest des Jahres einen Besuch wert. Wer es etwas ruhiger mag, kommt im Frühjahr, wenn der Schnee in den Tälern schon geschmolzen ist, oder im Herbst. Denn in der Zwischensaison ist verhältnismäßig wenig los, wohingegen es im Sommer und im Winter viele Besucher ins Allgäu zieht. Zum Wandern ist der Herbst besonders schön. Dann liegt auch ganz oben kaum mehr Schnee, das Wetter ist oft mild und die Wege sind leer.

EINORDNUNG AUF DER KARTE

Als Allgäu bezeichnet man eine Region ganz im Süden Deutschlands. Sie liegt östlich vom Bodensee an der Grenze zu Österreich und zeigt auf der Karte wie eine Spitze nach Süden. Da die Bezeichnung sich nicht auf eine politische Region bezieht, ist die Abgrenzung im nördlichen Teil etwas schwammig. Hier liegt ein Teil in Bayern und ein Teil in Baden-Württemberg. Selbst die Allgäuer sind sich nicht ganz einig, was alles dazugehört und was nicht.

Klar ist aber schon mal die Aufteilung in Unter- und Ober- sowie West- und Ostallgäu, an der sich auch die Struktur dieses Buches orientiert. Eine konkrete Definition hat das Oberallgäu, da es auch einer politischen Region entspricht. Dazu gehört das gesamte Illertal von Oberstdorf bis etwas nördlich von Kempten (das als Stadt nicht zum politischen Oberallgäu gehört) – außerdem alles zwischen Oberstaufen und Oberjoch. Ebenfalls einfach zu finden ist das Ostallgäu, das auch eine politische Region ist: von Schwangau und Füssen an der österreichischen Grenze bis nach Buchloe. Mittendrin liegt Kaufbeuren, das als Stadt vom Umland unabhängig ist. Die nördliche Region wird als Unterallgäu bezeichnet, da sie niedriger als das Oberallgäu liegt. Hier befinden sich unter anderem Memmingen, Mindelheim und Bad Wörishofen. Im Westallgäu liegen die baden-württembergischen Orte Isny, Wangen und Leutkirch. Am obersten Rand zählen sich auch Bad Wurzach und Wolfegg dazu. Lindau am Bodensee gehört dann schon wieder zu Bayern.

AUSZEIT MIT DEM WOHNMOBIL

Einen Kurztrip ins Allgäu kann man von langer Hand planen. Dann hat man mehr von der Vorfreude. Hat man kurzfristig ein paar Tage Zeit oder einfach Lust auf einen Ausflug am Wochenende, macht man sich spontan auf die Beine – beziehungsweise auf die Räder. Denn dann ist man mit einem Wohnmobil klar im Vorteil. Man braucht nur ein paar Dinge einzupacken und schon geht es los. Bei den Campingplätzen der Region ist es ratsam, vorher anzurufen, ob ein Platz frei ist – vor allem in der Hauptsaison. In den Orten, die nah an den hohen Bergen liegen, gehört dazu nicht nur der Sommer, sondern auch der Winter. Ab der Höhe von Kempten Richtung Norden sollte man zwischen Herbst und Frühling aber

▲ Wenn am Horizont die Berge erscheinen, fährt man in die richtige Richtung.
◀ Wandern im Ostrachtal ▶ Sonnenaufgang: Belohnung für Frühaufsteher

keine Probleme haben. Auf den Stellplätzen der Region findet man das ganze Jahr über einen Ort für sich.
Für alle Bedürfnisse ist der richtige Platz dabei: vom Campingplatz mit Wellnessbereich bis zum einfachen Stellplatz mit der nötigsten Ausstattung. Dieses Buch empfiehlt die schönsten und praktischsten, um die vorgestellten Orte zu erkunden. Ist das Wohnmobil geparkt, ist es Zeit, die Umgebung zu erkunden. Oft kann man direkt vor der Tür zu Wanderungen oder Radtouren starten. Die Städte können auch direkt zu Fuß besucht werden. Wer seine Tage lieber gemütlich an einem See verbringen will, findet Campingplätze unmittelbar am Ufer. Je nach Lust und Laune kann

▲ Allgäuer Braunvieh vor Allgäuer Haus ◀ In Oberstdorf sind die Berge ganz nah. ▶ Begegnung mit Einheimischen

man das Wohnmobil also den gesamten Aufenthalt einfach stehen lassen. Und wer jetzt denkt »Ein Wochenende, das ist doch viel zu wenig!«, der hat schon recht. Denn natürlich kann man an allen vorgestellten Zielen auch wesentlich länger bleiben. Aber wenige Tage im Allgäu sind besser als keine. Wem es hier gefällt, der kann Wochenende für Wochenende eine neue Ecke entdecken oder das nächste Mal einfach eine ganze Woche oder sogar noch länger bleiben.

WEGE UND ORIENTIERUNG

Im Allgäu möchte man natürlich auch die Natur erkunden. Das geht am besten zu Fuß oder mit dem Rad. Je nach Vorliebe packt man also Wanderschuhe oder Fahrräder ein – oder auch beides. Im Großteil der Orte kann man Fahrräder auch ausleihen. Die meisten haben inzwischen eine elektrische Unterstützung. Wer sich zu einer Tour aufmacht, kann vorher in der jeweiligen Touristinfo vorbeischauen. Meist gibt es dort eine Übersichtskarte zum Mitnehmen. An den Bergbahnen gibt es auch immer große Aufsteller, auf denen die Wege eingezeichnet sind. Von diesen Karten kann man mit dem Handy ein Foto machen, dann hat man sie immer dabei und kann unterwegs noch mal nachschauen, wo man gerade ist.

Die Rad- und Wanderwege sind im Allgäu überall gut markiert. Wer aufmerksam Ausschau nach den Schildern hält, kann sich also kaum verlaufen. Die Schilder und Markierungen zeigen mit Farben auch an, wie schwierig ein Weg ist: Blau steht für einen einfachen Weg, Rot bezeichnet eine mittelschwere Route, bei Schwarz ist ein schwieriger alpiner Pfad zu erwarten. Aufpassen muss man im Grenzgebiet zu Österreich. In Tirol, das südöstlich vom Allgäu liegt, werden dieselben Farben verwendet. In Vorarlberg kann es aber zu Verwirrungen kommen. Hier steht Gelb für einfach, Rot für mittelschwer und Blau für schwer. Wer im Hochgebirge unterwegs sein will, sollte sicherheitshalber immer noch eine richtige Wanderkarte dabeihaben. Bei den Radtouren ist die Navigation mit dem Handy hilfreich, falls man sich bei einem Weg mal nicht ganz sicher ist. Auch in den Städten lohnt sich der Gang zur Touristinfo: Es gibt eigentlich immer eine Übersichtskarte der Altstadt, auf der die wichtigsten Sehenswürdigkeiten eingezeichnet sind.

Für Wohnmobile sind die Wege im Allgäu nicht immer so bequem. In den flacheren Teilen sind die Straßen weniger eng als in den Bergen, aber auch hier gibt es schmale Landstraßen. Am besten vertraut man seinem Navigationsgerät nicht einfach blind. Meistens kommt man aber gut zurecht. Gerade die touristisch interessanten Ziele sind ohne Probleme zu erreichen. Die Straßen in die Alpentäler und die Berge hinauf können sehr schmal sein. Teilweise sind die Talstraßen aber sowieso für den öffentlichen Verkehr gesperrt und nur mit dem Bus oder aus eigener Kraft zu erreichen. Nach Oberstdorf ganz im Süden hat zwischen den Bergen nur eine Hauptstraße Platz: die B 19. Zu Stoßzeiten morgens und abends kann es dann schon mal voll werden. Stau gibt es aber vor allem im Winter während der Skisaison.

AKTIV IN DEN BERGEN

Auf fast alle Berge im Allgäu führt irgendwo ein Weg hinauf. Da gibt es die richtig hohen, felsigen Gipfel, die den erfahrenen Bergsteigern vorbehalten sind, und die lieblichen grünen Hügel im Vorland. Dazwischen ist etwas für jeden Fitnesslevel dabei. Um die Berge zu genießen, muss man sie nicht mal besteigen. Auch Wanderungen oder Radtouren durch die Täler sind sehr schön. Dafür sind besonders die Gegenden rund um Oberstdorf und Bad Hindelang zu empfehlen. Wer gern die Alpen erkunden möchte, ist im Oberallgäu und im südlichen Ostallgäu bei Nesselwang und Füssen richtig. Bei den empfohlenen Touren ist meist eine Zeit angegeben, nach der man sich richten kann. Diese bezieht sich auf die reine Laufzeit, also sind keinerlei Pausen einberechnet. Natürlich laufen Wanderer unterschiedlich schnell und diese Zeit wird nicht bei jedem absolut zutreffen. Sie soll nur ein Anhaltspunkt sein.

Wer mit wenig Erfahrung in die Berge möchte, sollte sich nicht zu viel zumuten. Wenn es richtig anstrengend wird, macht das nicht immer so viel Spaß. Am besten probiert man erst mal eine kleine Tour aus und merkt sich, wie lange man für die Kilometer und Höhenmeter gebraucht hat. So bekommen Wanderer langsam ein Gefühl dafür, welche Wege die richtigen für sie sind.

Was man sonst noch braucht? Auf jeden Fall sollten Wasser und ein bisschen was zu essen im Rucksack dabei sein, bei Sonne auch ein Hut und Sonnencreme. Wenn es anstrengend werden soll, ist ein Oberteil zum Wechseln für die Pause und den Abstieg ratsam. Je nach Kälteempfinden und Wetter sollte man auch etwas zum Überziehen mitnehmen, da es weiter oben manchmal plötzlich kalt und windig werden kann. Natürlich darf man auch den Blick auf den Wetterbericht nicht vergessen. Bei Unsicherheiten vor der Tour kann man in der Touristinfo nachfragen. Unsicherheiten am Berg darf man auf keinen Fall ignorieren. Jeder sollte sich mit dem Weg, auf dem er geht, wohlfühlen. Im Zweifel heißt es umkehren. Und noch ein Wort zum Schuhwerk: Das hängt vom Weg ab. Wichtig ist immer, dass

▲ Am Zipfelsfall bei Hinterstein kann man baden. ◀ Brotzeitpause am Iller-Radweg ▶ Gemütlicher Kaffee am Ufer des Grüntensees

der Schuh gut passt und man in ihm sicher laufen kann. Die Sohle sollte rutschfest sein und ein Profil haben. Mehr Informationen zum sicheren Verhalten in den Bergen bekommt man beim Deutschen Alpenverein.

ENTSPANNUNG AM WASSER

Wer einfach einmal seine Ruhe haben möchte, für den sind die Allgäuer Seen das richtige Ziel. Am Forggensee bei Füssen, am Grüntensee, am Großen Alpsee bei Immenstadt und am Niedersonthofener See gibt es Camping- und Stellplätze direkt am Wasser. Inmitten der malerischen

▲ Aussicht auf Oberstdorf ◀ Am Hopfensee verbringt man entspannte Stunden. ▶ Blick von der Freitreppe in Kempten

Landschaft lässt man es sich hier gut gehen und faulenzt auf den Liegewiesen. Oder man nimmt sich Zeit für ein gutes Buch. Wird es zu warm, kühlt man sich im Wasser ab. Fast überall gibt es Boote zum Ausleihen und mit einem Angelschein sowie einer Tageskarte darf auch gefischt werden. Neben den Seen kann man sich in Flüssen und an Wasserfällen erfrischen. Eine Besonderheit sind die Moorbäder der Region. Unter anderem in Buchenberg bei Kempten, bei Bad Hindelang und in Oberstdorf kann man in Becken baden, die mit Wasser aus den benachbarten Mooren gespeist werden. Es ist leicht bräunlich und sieht dadurch vielleicht erst mal etwas komisch aus, soll aber eine positive Wirkung auf den Körper haben. Manche sprechen sogar von einem Jungbrunnen. Einen Versuch ist es auf jeden Fall wert. Sollte das Wetter mal nicht so einladend sein, sind im Allgäu mehrere Thermen mit Saunen geöffnet.

HISTORISCHE STÄDTE UND AUSFLUGSZIELE

Die Dörfer der Region sind von der Landwirtschaft – vor allem von der Vieh- und Milchwirtschaft – geprägt. Vielerorts kann man tatsächlich das idyllische Allgäu finden, das man sich vorstellt: Kühe grasen auf den grünen Wiesen. Zwischen Wäldern und Hügeln werden viele alte Höfe und Häuser liebevoll erhalten. Dahinter erheben sich die Hochalpen als Kulisse. Doch das ist nicht alles, was es hier gibt. Einige Orte haben es zu Wohlstand gebracht und können sich heute über einen historischen Stadtkern mit Patrizierhäusern und repräsentativen Gebäuden freuen. Und dann wäre da noch Kempten, das mit anderen Städten um den Titel der »ältesten Stadt Deutschlands« buhlt. Die Streitfrage ist nicht endgültig geklärt und der Ausgang kommt darauf an, wie man eine Stadt im historischen Sinne definiert. Kempten ist aber die erste Stadt Deutschlands, die in einem schriftlichen Dokument erwähnt wurde. Auch außerhalb der Städte gibt es prachtvolle Klöster und mittelalterliche Burgruinen zu entdecken. Sehenswürdigkeiten von Weltrang hat das Allgäu ebenfalls zu bieten: Bei Füssen stehen die Schlösser Neuschwanstein und Hohenschwangau, die Touristen aus aller Herren Länder anlocken.

BRAUCHTUMSKALENDER

Viele alte Bräuche werden im Allgäu noch heute bewahrt. Tatsächlich tragen die Allgäuer ihre Tracht noch – und das nicht erst, seit das Oktoberfest diese spezielle Modewelle neu losgetreten hat. Dirndl und Lederhosen sieht man auf Feiern – zum Beispiel an besonderen Geburtstagen oder Hochzeiten – und natürlich an Festtagen. Vielleicht lohnt es sich sogar, den Ausflug ins Allgäu nach einer traditionellen Veranstaltung zu planen? Ein Blick in den Kalender hilft: Die trockenen Christbäume von Weihnachten helfen jedes Jahr dabei, den Winter auszutreiben. In den ersten Wochen der Fastenzeit entfachen viele Orte im Allgäu ein großes Feuer, über dessen Flammen die »Funkenhex« hängt. Bei Glühwein und Küchle warten die Zuschauer gespannt, bis das Feuer diese Strohpuppe erreicht, die dann symbolisch verbrennt.

Wenn die Bergwiesen im Frühjahr frei von Schnee sind, treten viele Allgäuer Kühe eine Wanderung an, um ihren Sommer dort oben auf der Alp zu verbringen. Im September wird das Vieh dann mit einem großen Fest zurück im Tal begrüßt. Einige Tiere sind prächtig geschmückt. Die sogenannten Kranzrinder zeigen, dass die Herde die Zeit in den Bergen gut überstanden hat. Anschließend wird das Vieh »geschieden«, also sortiert und seinen Besitzern zurückgegeben. Den »Viehscheid« gibt es in den Orten am Fuß der Berge zu sehen.
Anfang Dezember sollte man sich nach der Dämmerung in Acht nehmen. Wenn man den Klang von großen Schellen hört, sind die Klausen nicht mehr weit. In mehreren Allgäuer Dörfern verstecken sich die jungen Männer unter zotteligen Fellen und Tierhörnern. Mit ihren Ruten haben sie es auf neugierige Zuschauer abgesehen. Die furchterregenden Gestalten sollen andere böse Geister davon abhalten, die Dörfer im Winter heimzusuchen. Dieser Brauch mit dem Namen Klausentreiben wird vor allem im Oberallgäu gepflegt.
Einige Orte haben außerdem ihre ganz eigenen Bräuche. So wird in Memmingen beispielsweise der Fischertag gefeiert, an dem die Memminger durch den Stadtfluss waten und mit einem Kescher versuchen, so viele Fische wie möglich zu fangen. Am Ende wird einer zum Fischerkönig erhoben. In Oberstaufen wird an Fasching der Fasnatziestag begangen. Das Fest mit Umzug soll nicht – wie sonst überall zu dieser Zeit – den Winter, sondern die Depression der Stadtbewohner austreiben, die im 17. Jahrhundert mit den Folgen der Pest zu kämpfen hatten.

ALLGÄUER SPEZIALITÄTEN

Nicht entgehen lassen sollte man sich die vielfältigen Allgäuer Leckereien. Von der einfachen Brotzeit bis zum Sonntagsbraten können sich Gäste hier von morgens bis abends kulinarisch verwöhnen lassen. Zu den Spezialitäten gehören Zwiebelrostbraten vom Rind und der in Bayern allerorts vertretene Schweinebraten. Unter den vegetarischen Gerichten erfreuen Krautkrapfen und Kässpatzn die Gaumen. Auf den Berghütten gibt es bodenständige Brotzeiten mit Käse, Schinken oder Landjägern. Letzteres ist eine geräucherte Wurst. Natürlich gibt es auch alle beliebten Klassiker der alpinen Küche: Speckknödel, Apfelstrudel und Kaiserschmarrn schmecken mit Blick auf die Berge einfach am besten.

▲ Sonnenuntergang am Niedersonthofener See ◀ Die regionalen Leckereien dürfen nicht zu kurz kommen. ▶ Wandern mit Blick auf den Alpsee

PROBIER'S MAL MIT GEMÜTLICHKEIT

Noch ein Tipp für den Kurztrip: Selbst wenn man nur wenig Zeit hat, sollte man sich Zeit lassen. Das Allgäu ist eine schöne Region, die man genießen kann, sobald man da ist. Ausflügler sollten lieber keine Listen mit Sehenswürdigkeiten abhaken oder versuchen, so viel wie möglich an einem Tag unterzubringen, sondern lieber den Moment genießen und das tun, worauf sie Lust haben. Wenn es einem in der Sonne am See gut geht, kann man auch das ganze Wochenende einfach am Ufer und im Wasser verbringen. Die kulturellen Sehenswürdigkeiten bleiben, wo sie sind, und können auch ein anderes Mal besucht werden.

BLICK IN DIE VERGANGENHEIT

2000 Jahre Geschichte in Kempten entdecken

Die Römer haben in Kempten ihre Spuren hinterlassen.

1

Vor rund 2000 Jahren gründeten die Römer etwas nördlich der Alpen eine Siedlung mit dem Namen Cambodunum. Was seither passiert ist, lässt sich in Kempten heute an Ausgrabungen und historischen Gebäuden nachvollziehen. Nach einer Portion Kultur laden die grünen Hügel und erfrischenden Seen rund um die quirlige Hauptstadt des Allgäus zum Entspannen ein.

Der Wohnmobilstellplatz im Herzen Kemptens ist der perfekte Ausgangspunkt für einen Rundgang durch die Stadtgeschichte. In knappen zehn Minuten laufen Besucher von hier bergauf auf den Hügel, wo die Stadt ihren Ursprung hat. Im Archäologischen Park Cambodunum (APC) sind die Überreste einer römischen Siedlung zu besichtigen. Die flachen Steinmauern, die sich dort aus dem Boden erheben, stellen die Grundrisse der ehemaligen Gebäude dar. Das Forum markiert das einstige Zentrum der römischen Stadt. Gleich nebenan stand die Basilika – damals nicht der Name für eine Kirche, sondern für eine Halle, in der Märkte, Versammlungen und Verhandlungen stattfanden. Der Park, durch den ein Rundweg entlang steinerner roter Punkte führt, ist immer frei zugänglich. Sein großer Spielplatz ist bei Kindern beliebt. Außerdem hat man einen schönen Blick auf die Altstadt und kann bereits einige Sehenswürdigkeiten entdecken, die man später vielleicht noch besucht.

Im Tempelbezirk des APC wurden die Reste von 13 steinernen Tempeln gefunden. Teilweise wurden diese in Originalgröße rekonstruiert. Sie dienen nun als Museum und können besichtigt werden. Im Eintrittspreis enthalten ist der Zugang zu den »Kleinen Thermen«. Diese antike Badeanlage ist besonders gut erhalten und präsentiert sich unter einem schützenden Dach. Was es zur Zeit der Römer alles schon gab, ist spannend zu sehen. Unter den Überresten befinden sich Badebecken, Heizräume und sogar eine Latrine mit Wasserspülung.

Die Kleinen Thermen im APC

1

ZEITSPRUNG INS MITTELALTER

Am Fuße des Hügels überquert man auf der St.-Mang-Brücke die Iller. Hier gewähren Kirchen und Gemäuer einen Blick ins Mittelalter. Beim Rundgang durch die Kemptener Innenstadt muss man keinem vorgegebenen Weg folgen. Alles ist so nah beieinander, dass man beim Schlendern durch die Straßen von selbst darauf stößt. Wer aufmerksam hinsieht, entdeckt an mehreren Orten Teile der **Stadtmauer**: Augen auf in den Straßen Zwingerstraße und An der Stadtmauer. Einen Abstecher wert ist auch die **Fußgängerzone**, in der immer was los ist. Cafés, Restaurants und Eisdielen laden hier sowie auf dem Rathausplatz und dem **Hildegardplatz** neben der Basilika zu einer stärkenden Pause ein.

KAFFEE WIE IN ITALIEN bekommt man unter anderem hier: Cucina Toscana gegenüber der Basilika, Hildegardplatz 9, 87435 Kempten, Montag–Freitag 7–14 Uhr und 16–18 Uhr, Mittwoch zusätzlich 12–18 Uhr, Samstag 7–15 Uhr; Caffè Baffetti in der Fußgängerzone, Klostersteige 7, 87435 Kempten, Montag–Samstag 8.30–18.30 Uhr

Hinter der St.-Mang-Brücke begrüßt die Altstadt ihre Besucher mit dem **Illertor**. Der stattliche Turm, der hier wiederaufgebaut wurde, war einst Teil der Stadtbefestigung. Ein bisschen weiter geradeaus ist schon die **Burghalde** zu sehen. Von der Burg auf dem Hügel sind die aus Ziegel gemauerten Teile des Turms sowie sein spitzes Dach aus dem 15. Jahrhundert erhalten. Im Pavillon sind an der Westwand Mauerteile aus dem 13. Jahrhundert integriert. Heute befinden sich hier außerdem eine Freilichtbühne, ein Biergarten und ein Duft- und Heilpflanzengarten. In dem Anfang des 19. Jahrhunderts erbauten und mittelalterlich anmutenden Wärterhaus ist ein **Burgenmuseum** untergebracht.

Tipp

Auf der Freilichtbühne finden im Sommer die Kemptener Filmnächte statt. Am besten kommt man früh, da die Vorstellungen beliebt sind. Kissen und Decken machen die Sitze bequemer. Auch das Theater in Kempten spielt auf der Freilichtbühne. Infos unter www.kinokempten.de und www.theaterinkempten.de

REGIONAL, SAISONAL und vor allem besonders lecker wird in der Weinstube Hensler gekocht. Empfehlenswert: ein Glas Wein zum Aperitif, dazu Salami und roher Schinken. Wer das Motto »Wochenend und Wohnmobil« genau nimmt, kommt gleich am Freitagabend zum Auftakt hierher. Vogtstraße 8, 87435 Kempten, Tel. 0831/59 09 45 65, info@hensler-kempten.de, Montag–Freitag 17–24 Uhr

◀ Der Rathausplatz ist ein Stadttreffpunkt. ▶ Das schmale Ankergässele

Nicht weit von der Burghalde entfernt liegt der Rathausplatz. Einst als Marktstraße genutzt, ist er von prächtigen Patrizierhäusern umringt und bildet noch heute das Zentrum der Altstadt. Gleich nebenan reckt sich die St.-Mang-Kirche in den Himmel. Mit ihrem romanischen Ursprung im frühen Mittelalter ist sie die älteste Kirche der Stadt. Ihre heutige gotische Gestalt erhielt sie im 15. Jahrhundert. Auf dem gleichnamigen Platz davor geht es unter die Erde: Im Schauraum Erasmuskapelle dienen mittelalterliche Mauern als Hintergrund für eine moderne Vermittlung der Stadtgeschichte mit Projektionen und Hörbildern.

1

GEISTLICHES STADTZENTRUM

Ab dem 8. Jahrhundert war Kempten Sitz eines Benediktinerstifts, das im Dreißigjährigen Krieg zerstört wurde. Die Klosteranlage, die heute das Stadtbild bestimmt, stammt aus dem 17. Jahrhundert. Sie besteht aus der **Residenz**, wo der Fürstabt seine prunkvollen Wohnräume hatte, und der **Basilika St. Lorenz**, die sich mit zwei Türmen und einer Kuppel in barockem Glanz zeigt. Gleich dahinter lädt der **Hofgarten** zu einer Pause ein. In der Orangerie am anderen Ende des Parks ist die städtische Bibliothek untergebracht.

Tipp

In den warmen Monaten findet mittwochs und samstags am Vormittag auf dem Platz vor der Basilika ein Wochenmarkt statt. Hier treffen sich die Kemptener gern, um Würstchen oder Kässpatzn zu essen. In den kalten Monaten zieht der Markt in die Halle am Königsplatz um.

IM RESIDENZ-CAFÉ gibt es eine besondere Leckerei: warme Apfelküchle mit Zimtparfait. Aber auch sonst kann man in der Konditorei nichts Falsches bestellen. Hier wird alles mit frischen Zutaten von Hand zubereitet. Residenzplatz 29, 87435 Kempten, Tel. 0831/238 57, residenzcafe@t-online.de, Montag–Freitag 8–18.30 Uhr, Samstag 8–18 Uhr, Sonntag 12–18 Uhr

SPORT UND ERHOLUNG BEI SCHLECHTWETTER

Der Südwesten Kemptens ist der richtige Anlaufpunkt, wenn das Wetter nicht zum Draußensein einlädt. Direkt gegenüber stehen hier eine Kletterhalle und ein Freizeitbad mit Saunalandschaft. Das **swoboda alpin** vereint eine Kletterhalle mit einem großen Boulderbereich. Das Bouldern kann jeder auch ohne Vorkenntnisse ausprobieren, da die Wände nur so hoch sind, dass man noch abspringen kann. Man muss sich also nicht mit einem Seil sichern. Neulinge können sich die nötigen Schuhe und weitere Ausrüstung vor Ort ausleihen. Wem der Sinn eher nach Entspannung ist, der besucht das **Cambomare** auf der anderen Straßenseite. Besonders schön sind die Saunahütten im Außenbereich. Ein Naturbadeteich mit eiskaltem Wasser bringt die Haut nach dem Aufguss zum Prickeln.

▲ Eschacher Weiher: Baden mit Blick auf die Alpen ◀ Fahrt zur Ruine der Sulzberger Burg ▶ Die Kemptener kühlen sich im Sommer im Öschlesee ab.

DAS UMLAND ENTDECKEN

Kempten ist auch ein guter Ausgangspunkt, um die liebliche Allgäuer Landschaft zu genießen. Fünf Kilometer südlich der Stadt liegt der Öschlesee: Zwischen Kuhweiden und mit Blick auf die Berge lässt es sich dort wunderbar entspannen. Hier befindet sich auch der nächste Campingplatz in der Umgebung von Kempten. Der Badesee heißt offiziell eigentlich Sulzberger See, nur nennt ihn niemand so. Ein Großteil des Ufers ist frei zugänglich. Wer sich ein paar Annehmlichkeiten wünscht, ist im Strandbad am Nordufer richtig. Hier gibt es Toiletten, Umkleidekabinen, einen Kiosk sowie eine geschützte Badestelle für Kinder. Auch Tretboote kann man

◀ Die Ruine wird von einem Verein gepflegt. ▶ Im Moor bei Buchenberg

hier mieten. Fährt man noch drei Kilometer weiter nach Süden, kommt man in Sulzberg an. Am Ortsrand steht eine **Burgruine**, die ihre Besucher in ihrem Museum ins Mittelalter entführt.

Knappe zehn Kilometer sind es von der Innenstadt Kemptens in den **Kemptener Wald**. Die sind auch gut mit dem Fahrrad zu bewältigen. Am besten steuert man dort eine Institution unter den Ausflugslokalen an: das Waldgasthaus Tobias. Das Gasthaus hat einen sehr großen Innenbereich und eine Terrasse. Besonders zu empfehlen sind die Gerichte mit Rind aus eigener Züchtung. Zum Kaffee steht eine große Auswahl an Kuchen und Torten bereit (Rothen 129 1/2, 87471 Durach, Tel. 0831/633 55, info@waldgasthaus-tobias.de, Samstag–Mittwoch 11.30–20.30 Uhr, zwischen 14 und 17.30 Uhr nur Brotzeiten und Kuchen, sonst warme Küche). Die vielen Wanderwege rundherum führen durch Wald und Wiesen, an Mooren und Flüssen vorbei. Bei der großen Auswahl ist für jeden die richtige Runde dabei. Bei gutem Wetter empfiehlt es sich auch, den Tag in **Buchenberg** westlich von Kempten zu verbringen. Dort lockt ein Moorbad die Badegäste. Es gibt einen Parkplatz vor Ort. Das Moorbad ist frei zugänglich und der Badeteich wird mit leicht bräunlichem, aber klarem Wasser aus dem Moor gespeist. Ein kurzer Lehrpfad führt durch den Wald und zu einer Leiter, die den Zugang in den schwarzen Schlamm erleichtert. Angeblich hat der Matsch eine verjüngende Wirkung auf den Körper. Vor allem macht es aber Spaß, sich bis zum Hals darin zu versenken. Dafür am besten keine helle Badekleidung anhaben!

SPORTLICHE FAHREN mit dem Rad über Rothkreuz und Ermengerst nach Buchenberg. Dabei kommt man in Ermengerst an Omas Gartencafé (Söllerweg 40) vorbei. Es hält, was der Name verspricht: Die leckeren Kuchen sind traditionell und ehrlich selbst gebacken. Gäste genießen sie in einem lauschigen Garten. Die Radtour dauert ungefähr eineinhalb Stunden und es sind rund 250 Höhenmeter zu überwinden. Wer nicht ganz so weit fahren möchte, kann den Herrenwieser Weiher zwischen Ahegg und Ermengerst zu seinem Ziel erklären.

Wer noch ein Stückchen weiter fährt, kommt hinter Eschach zum wunderschön gelegenen Eschacher Weiher. Auch hier gibt es einen Parkplatz für das Wohnmobil. Der See wirkt wie eingelassen in eine Senke zwischen Wald und Weiden, auf denen die Glocken an den Hälsen der Kühe fröhlich bimmeln. Im Hintergrund erhebt sich die gesamte Allgäuer Alpenkette. Dieser Ausblick macht die Idylle perfekt.

DER SCHWARZE GRAT (1118 m) lockt alle, die die gemütlichen Stunden am Eschacher Weiher mit einer Wanderung verbinden möchten. Die Strecke durch den Wald ist gut ausgeschildert und dauert hin und zurück bei einigem Auf und Ab rund drei Stunden. Unterwegs kommt man an der Wenger-Egg-Alpe vorbei, wo es zur Stärkung eine deftige Brotzeit gibt. Auf dem Gipfel sieht man von einem Aussichtsturm bis zum Bodensee. Auch wer am See bleibt, muss nicht hungern. In einer Viertelstunde ist man zu Fuß bei Schneiders Brotzeitstube.

AUF EINEN BLICK

Info

STADT/REGION: Kempten
BESTE REISEZEIT: Mai–September
TOURISTINFO:
Tourist Information Kempten,
Rathausplatz 24, 87435 Kempten,
Tel. 0831/960 95 50,
info@kempten-tourismus.de,
www.kempten-tourismus.de

AKTIV UNTERWEGS

ARCHÄOLOGISCHER PARK CAMBODUNUM: Cambodunumweg 3, 87437 Kempten, Tel. 0831/252 53 69, museen@kempten.de, www.kempten.de/archaologischer-park-cambodunum-2051.html

ALLGÄUER BURGENMUSEUM: Burghalde 1, 87435 Kempten, Tel. 0831/512 14 68, info@allgaeuer-burgenmuseum.de, www.allgaeuer-burgenmuseum.de

PRUNKRÄUME IN DER RESIDENZ: Residenzplatz 4–6, 87435 Kempten, Tel. 0831/256 12 51, poststelle.fa-ke@finanzamt.bayern.de, www.schloesser.bayern.de/deutsch/schloss/objekte/kempten.htm

SCHAURAUM ERASMUSKAPELLE: St.-Mang-Platz, 87435 Kempten, Tel. 0831/252 53 69, museen@kempten.de, www.kempten.de/schauraum-erasmuskapelle-2063.html

CAMBOMARE: Aybühlweg 58, 87439 Kempten, Tel. 0831/58 12 10, info@cambomare.de, www.cambomare.de

KLETTERHALLE SWOBODA ALPIN: Aybühlweg 69, 87439 Kempten, Tel. 0831/570 09 70, info@dav-kempten.de, www.dav-kempten.de/swoboda-alpin

BURGRUINE SULZBERG: an der Sonthofener Straße südlich von 87477 Sulzberg, info@burgfreunde-sulzberg.de, www.burgfreunde-sulzberg.de

STELLPLATZ AM ILLERSTADION

ADRESSE: Jahnweg 12, 87437 Kempten
ANFAHRT: Von der A 7 Ausfahrt »Kempten«, an der nächsten

Alle Sehenswürdigkeiten in Laufnähe: Stellplatz in Kempten

großen Kreuzung, dem Berliner Platz, links und gleich nach rechts den Berg hinunter zur Iller, dort rechts in den Illerdamm einbiegen.
GPS: N 47°43‘46“, E 10°19‘09“
Der Stellplatz liegt sehr zentral in Kempten auf einem Parkplatz direkt neben dem Fußballstadion der Stadt. Einmal über die Brücke über die Iller und schon sind es nur noch wenige Minuten in die Altstadt. Auch die römischen Ausgrabungen des APC sind nur zehn Gehminuten entfernt. Der Stellplatz ist mäßig eben und bietet keinen Schatten. Es gibt Frischwasser sowie Entsorgungsmöglichkeiten, allerdings keinen Strom. Am Parkautomaten holt man sich einen Parkschein für maximal drei Tage. Der Platz ist also eher einfach und auch nicht besonders ruhig. Zum Besichtigen der Stadt ist er aber praktisch.

KULTUR UND NATUR AM SEE

Entspannen am Grossen Alpsee bei Immenstadt

Im Frühjahr schwebt man über den letzten Schnee auf den Gipfel des Mittag.

2

Wer sich für seinen Kurztrip nicht ganz zwischen Kultur und Natur entscheiden kann, ist in Immenstadt richtig. In dem gemütlichen Städtle im Oberallgäu lässt sich beides genießen. Es liegt idyllisch am Großen Alpsee und schon ganz nah an den großen Bergen der Allgäuer Alpen. Noch nicht ganz so groß, dafür ebenso schön, erhebt sich hier der Gebirgszug Nagelfluhkette, der als Naturpark geschützt ist.

Mit dem Wohnmobil kommt man in Immenstadt entweder auf dem Campingplatz direkt am Ufer des Großen Alpsees oder auf dem praktischen Stellplatz am Stadtrand unter. Die Orte sind zwei Kilometer voneinander entfernt und mit einem Fuß- und Radweg miteinander verbunden. Genau dazwischen liegt der kleine Alpsee, wo es ein Freibad mit Schwimmbecken und Seezugang gibt. Vom Stellplatz ist man in zehn Minuten zu Fuß in der sehenswerten Innenstadt.

SEHENSWERTES IMMENSTADT

Im Zentrum liegt der geschäftige Marienplatz, um den sich die Sehenswürdigkeiten scharen. Rundherum laden Cafés und Restaurants zur Einkehr ein. Samstagmorgens bieten die Produzenten der Region hier ihre Waren auf dem Wochenmarkt an. Im Mittelpunkt des Platzes zieht die Mariensäule die Blicke der Passanten auf sich. Sie erinnert seit dem 18. Jahrhundert an das Ende der Pest. Im Jahr 1988 wurde ein Brunnen hinzugefügt, dessen Figuren die vier traditionellen Wirtschaftszweige der Stadt symbolisieren.

Das Stadtschloss im Westen hat seinen Ursprung im 16. Jahrhundert und wurde danach immer wieder ausgebaut und erweitert. Heute wird es für kulturelle Veranstaltungen genutzt. Ebenfalls am Marienplatz befindet sich das Rathaus, 1640 erbaut. Nach einem Brand 1912 im oberen Teil erhielt das Gebäude sein heutiges Aussehen. Mehrmals wiederaufgebaut werden musste die Stadtpfarrkirche St. Nikolaus, die nur ein paar Meter weiter steht. Sie hatte in ihrer Geschichte gleich mit mehreren Bränden zu kämpfen. Ihr aktuelles Aussehen bekam sie Anfang des 20. Jahrhunderts. Das Innere ist im Stil des Neubarock mit Stuck, Malereien und aufwändigen Altären geschmückt.

Der Marienplatz mit dem Rathaus ist das Zentrum der Stadt.

DEFTIGE ALLGÄUER KÜCHE und Brotzeiten gibt's im Hotel Hirsch in einer Seitenstraße des Marienplatzes. Hirschstraße 11, 87509 Immenstadt, Tel. 08323/98 90 20, info@hotel-hirsch-immenstadt.de, Montag–Freitag ab 17 Uhr, Samstag und Sonntag sowie an Feiertagen 11.30–21 Uhr

KAFFEPAUSE im »Freilich unverpackt«: In dem kleinen Laden werden Lebensmittel mit so wenig Verpackung wie möglich verkauft – und außerdem toller Kaffee. Die Bohnen dafür kommen von der Rösterei fab.coffee in Reichenbach bei Oberstdorf. Rothenfelsstraße 6, 87509 Immenstadt, Tel. 08323/206 93 07, kontakt@freilich-unverpackt.de, Montag–Freitag 9–18 Uhr, Samstag 9–13 Uhr

Östlich vom Marienplatz befindet sich der Klostergarten, der zum Entspannen einlädt. Wie der Name verrät, befand sich an diesem Platz der Garten des Kapuzinerklosters der Stadt. Es wurde Mitte des 17. Jahrhunderts errichtet und 1980 aufgelöst. Vier Jahre später wurde das Gebäude abgebrochen und an seiner Stelle das neue Pfarrzentrum erbaut. Daran schließt im Norden die Kapuzinerkirche St. Josef an, die früher ebenfalls zum Kloster gehörte. Ihr barockes Äußeres täuscht: Auch sie hat ihren Ursprung im 17. Jahrhundert. Die Fassade, die zum Klosterplatz blickt, bekam 1903 ihr heutiges Aussehen. Davor erinnert eine Statue an die Mönche, die hier einst wirkten.
Beim Rundgang durch die Stadt entdecken aufmerksame Besucher immer wieder Skulpturen. So zum Beispiel auf dem Bräuhausplatz, wo eine Kutsche mit einer Menge Fässer beladen ist. Es liegt nahe, dass hier ehemals eine Brauerei betrieben wurde. Auf dem Landwehrplatz zeigt die Skulptur zweier geschmückter Kühe, wie die Tiere aussehen, wenn sie im Herbst von den Sommerweiden in den Bergen zurück ins Tal getrieben werden.

Wer den Viehscheid miterleben möchte, muss Immenstadt im September besuchen. Dann werden alle Kühe der umliegenden Höfe auf den Viehmarktplatz getrieben. Zur Unterhaltung gibt es im großen Festzelt Musik, Bier und Allgäuer Leckereien.

Tipp

AM GROSSEN ALPSEE

Am Großen Alpsee kann man sich – selbst wenn man nicht badet – locker einen ganzen Tag beschäftigen. Zunächst wäre da einmal der Rundweg um den See, der gut ausgeschildert ist. Er führt ab Bühl am südlichen Ufer ein Stück den Berg hinauf. So hat man eine schöne Aussicht übers Wasser. Unterwegs passiert man Gschwend, Hintersee, Ratholz und schließlich Trieblings. An der Nordseite geht es direkt am Wasser zurück zum Ausgangspunkt. Diese Runde kann sich bei jedem Wetter lohnen. Wenn die Nebelschwaden zwischen den Bergen hängen, bekommt die Wanderung eine mystische Atmosphäre. Eine Laufzeit von rund dreieinhalb Stunden sollte man einplanen.
Gleich am Infozentrum Alpseehaus, das auf der Immenstädter Uferseite liegt, befindet sich ein Park mit allerlei Aktivitäten, die Groß und Klein Spaß

machen. Hier zieht man sich auf einem Floß an einem Seil über einen kleinen Teich, erkundet einen Kräutergarten und vergnügt sich auf dem Wasserspielplatz. Bei gutem Wetter hat außerdem der Minigolfplatz geöffnet.

Tipp

Auf dem Skytrail können Kinder ganz allein auf einem Parcours hoch hinausklettern. Sie sollten sechs Jahre alt sein und mindestens 1,20 Meter groß. Sie bekommen einen Klettergurt und ein Sicherungsseil, das sie ohne eigenes Zutun durchgehend sichert.

Weit hinaus aufs Wasser bringt der Alpseesegler Santa Maria Loreto seine Gäste. Die sogenannte Lädine wurde mittelalterlichen Lastschiffen nachempfunden. Heute finden statt Salzsäcken bis zu 25 Passagiere Platz an Bord. So kann jeder in erster Reihe direkt am Wasser sitzen. Damit man auf jeden Fall einen Platz an Bord des Alpseeseglers bekommt, kann man unter www.alpseesegler.de reservieren. Wer den Großen Alpsee aus eigener Kraft befahren möchte, leiht sich in der Wassersportschule Oberallgäu ein Boot nach Wahl. Es stehen Kajaks, Tret- und Ruderboote zur Verfügung. Auch ein SUP – kurz für Stand-up-Paddle-Board – kann gemietet werden. Boote kann man ebenfalls an der Seebühne und im Strandbad Hauser leihen.

SPIELPARADIES IN DEN BERGEN

Ein Stück westlich des Alpsees – rund fünf Kilometer vom Campingplatz entfernt – warten in der Alpsee Bergwelt Spaß und Spannung am Hang der Berge. Ein Sessellift fährt den Berg hinauf. Oben eröffnen sich zahlreiche Möglichkeiten, den Tag zu verbringen. Wer lieber laufen möchte, braucht etwa eine Stunde zur Bergstation. Für Kinder ist der große Spielplatz aus Holz ein Traum. Gleich daneben sind niedliche Tiere zu Hause: Kuschelige Lamas, Alpakas und Schafe wohnen hier. Die putzigen Zwergziegen darf man in ihrem Gehege besuchen und streicheln.

Der Kletterwald Bärenfalle ist auch für Erwachsene einen Besuch wert. Zahlreiche Parcours erfordern Mut von Groß und Klein. Hier hangelt man sich durch Spinnennetze aus Seilen, balanciert über wackelige Holzbohlen und schwingt sich wagemutig in eine Seilrutsche. Mit der Sicherung über

Landwirtschaft, Handwerk, Industrie: Wer erkennt, was die Figuren am Marienbrunnen symbolisieren?

einen Gurt und Stahlseile kann dabei gar nichts passieren. Ein bisschen Überwindung kann es aber schon kosten. Wer wieder ins Tal möchte, dem steht noch ein letztes Abenteuer bevor: Mit dem Alpsee Coaster rast man fast drei Kilometer den Berg hinunter und bewältigt dabei über 50 Kurven. Während der Spielplatz und der Kletterwald im Winter Pause machen, ist die Rodelbahn das ganze Jahr über geöffnet. Und das nicht nur am Tag: Ab und zu wird die Rodelbahn nachts mit Scheinwerfern beleuchtet, dann kann man auch nach Einbruch der Dunkelheit noch rodeln.

2

EINE TOLLE AUSSICHT auf den Großen und den Kleinen Alpsee hat man vom Immenstädter Horn (1489 m). Los geht es am Friedhof, immer den Schildern »Immenstädter Horn über Kanzel« folgend. Auf diesem Weg kann man schon unterwegs einen tollen Blick erhaschen. An der Kanzel steht eine Bank, die sich für einen Zwischenstopp anbietet. Ganz ohne Kondition sollten Wanderer auf dem Weg nicht sein, denn es geht anfangs steil bergauf. Direkt am Gipfelkreuz gönnt man sich dann eine aussichtsreiche Pause. Der Abstieg erfolgt über die Kesselalpe. Anschließend hält man sich immer rechts und geht hinab zum Großen Alpsee.

ETWAS SPANNENDES ausprobieren können Mutige etwa drei Kilometer vom Stellplatz in Immenstadt entfernt. Neben dem Ufer der Iller sind hier zwei Seen zum Wakeboarden und Wasserskifahren angelegt. Ein Lift zieht die Fahrer an einem Seil übers Wasser. Egal ob groß oder klein, sportlich oder nur interessiert – diesen Sport kann jeder ausprobieren. Inselsee Allgäu, Am Inselsee 10, 87544 Blaichach, Tel. 08323/98 95, info@inselsee-allgaeu.de, und Wasserskilift Allgäu, Am Inselsee 4, 87544 Blaichach, Tel. 08323/81 76, info@wasserskilift-allgaeu.de, je nach Wetter Frühjahr bis Herbst, aktuelle Öffnungszeiten unter www.wasserskilift-allgaeu.de und www.inselsee-allgaeu.de

Blick Richtung Freibad am Kleinen Alpsee

▲ Der Große und der Kleine Alpsee ▼ Krokusblüte auf dem Mittag

NATURPARK FÜR JEDERMANN

Direkt von Immenstadt aus können Wanderer den Naturpark Nagelfluhkette entdecken. Besonders geeignet für alle Konditionsniveaus ist der Weg auf den Mittag (1451 m). Das ist der erste Gipfel der Bergkette, die sich bis ins österreichische Vorarlberg zieht. Je nachdem, wie weit man laufen möchte, kann man hier einen oder gleich mehrere Gipfel besteigen. Wer lieber einen Spaziergang machen möchte, nimmt den nostalgischen Sessellift nach oben und genießt die Aussicht über das Illertal. Oben kann man Höhenluft schnuppern und eine kleine Runde laufen. Außerdem starten hier viele Gleitschirmflieger. Es ist spannend, ihnen dabei zuzusehen, wie sie Anlauf nehmen und plötzlich vom Wind getragen werden.

2

Im Tal befindet sich der Einstieg in den Wanderweg etwas westlich von der Station der Mittagbahn. Gleich beim Friedhof geht es den Berg hinauf. Am besten nimmt man den Pfad durch den **Steigbachtobel**, der an sich schon eine kleine Wanderung wert ist. Oft direkt am Wasser schlängelt sich der schöne Steig an mehreren Wasserfällen vorbei. Die Gumpen – so nennen die Allgäuer die Wasserlöcher – eignen sich gut zum Spielen oder um die Füße abzukühlen. Wen das kalte Gebirgswasser nicht abschreckt, der kann auch Baden gehen. Anschließend folgt ein kurviger Forstweg. Wanderer können immer wieder über steile, wurzelige Waldwege abkürzen: einfach die Augen offen halten und schauen, wo die Pfade von der Straße abzweigen. Oben hat man dann die Wahl: Bis zum **Bärenkopf** (1476 m) ist es gar nicht mehr weit. Der **Steineberg** (1660 m) ist schon etwas abenteuerlicher. Trittsicherheit und Schwindelfreiheit sind Voraussetzungen für diesen Weg. Einige Stellen sind ausgesetzt und mit einem Drahtseil gesichert. Zum Gipfel führt eine senkrechte Leiter am Fels hoch. Es führt aber auch ein Weg außen herum. Zur langen Tagestour wird die Wanderung, wenn man noch weiter zum **Stuiben** (1749 m) geht. Während man von den ersten drei Gipfeln auf dem Aufstiegsweg zurückgeht, hat man vom Stuiben die Wahl, nach Norden abzusteigen und durch das Tal wieder zurück zum Steigbachtobel zu kommen.

Traditionell geschindeltes Haus, im Hintergrund die Kirche St. Josef

Der Steigbachtobel ist ein ideales Ausflugsziel an heißen Sommertagen.

Bis zum Gipfel des Mittag und zurück ist man ungefähr dreieinhalb Stunden unterwegs. Die Wanderung zum Bärenkopf dauert etwa eine halbe Stunde länger. Mit dem Steineberg ist man insgesamt fünfeinhalb Stunden unterwegs und der Weg bis zum Stuiben nimmt über sechs Stunden in Anspruch. Alle Gipfel sind unterwegs gut ausgeschildert. Für die Orientierung ist es aber immer ratsam, eine Wanderkarte dabeizuhaben.

EINEN SCHÖNEN ABEND kann man in Immenstadt im Union-Filmtheater verbringen. Neben dem Namen erinnern auch die Säle in dem schnuckeligen Kino ans Theater. Die Leinwände zeigen aktuelle Blockbuster und gut ausgewählte Filme abseits des Mainstreams. Im Café im Vorraum gibt es Getränke und Snacks. Rothenfelsstraße 20, 87509 Immenstadt, Tel. 08323/62 58, Programmansage 08323/989 92 40, info@union-filmtheater.de, täglich spätestens ab 18.30 Uhr oder 30 Minuten vor der ersten Vorstellung

AUF EINEN BLICK

Info

STADT/REGION: Großer Alpsee bei Immenstadt
BESTE REISEZEIT: April–November
TOURISTINFO:
Alpseehaus, Seestraße 10,
87509 Immenstadt/Bühl, Tel. 08323/99 88 77,
info@immenstadt-tourist.de,
www.alpsee-gruenten.de

AKTIV UNTERWEGS

KIRCHE ST. NIKOLAUS: Kirchplatz 7, 87509 Immenstadt,
Tel. 08323/85 35, st.nikolaus.immenstadt@bistum-augsburg.de,
www.katholische-kirche-immenstadt.de
KIRCHE ST. JOSEF: Klosterplatz, 87509 Immenstadt,
Tel. 08323/85 35, st.nikolaus.immenstadt@bistum-augsburg.de,
www.katholische-kirche-immenstadt.de
MITTAGBAHN: Mittagstraße 30, 87509 Immenstadt, Tel. 08323/61 49,
info@mittagbahn.de, www.mittagbahn.de
ALPSEESEGLER SANTA MARIA LORETO: Abfahrt vom Hafen in Bühl,
Tel. 08323/522 00, info@alpseesegler.de, www.alpseesegler.de
FREIBAD KLEINER ALPSEE: Am Kleinen Alpsee 1,
87509 Immenstadt, Tel. 08323/87 20,
www.stadtwerke-immenstadt.de/baeder/freibad
WASSERSPORTSCHULE OBERALLGÄU: Seestraße 15,
87509 Immenstadt, Tel. 08323/522 00, info@allgaeu-sailing.de,
www.wassersportschule-oberallgaeu.de
STRANDBAD HAUSER: Seepromenade 31, 87509 Immenstadt,
Tel. 08323/63 41, info@seecafé-hauser.de, www.seecafé-hauser.de
ALPSEE BERGWELT: Ratholz 24, 87509 Immenstadt, Tel. 08325/252
und 08323/96 05 80, info@alpsee-bergwelt.de,
www.alpsee-bergwelt.de

ALPSEE CAMPING

ADRESSE: Seestraße 25, 87509 Immenstadt/Bühl, Tel. 08323/77 26,
mail@alpsee-camping.de, www.alpsee-camping.de

Infinity-Pool auf dem Campingplatz

ANFAHRT: Von der B 19 Richtung Immenstadt abbiegen, auf der B 308 durch die Stadt, rechts in die Missener Straße, links nach Bühl abbiegen.

GPS: N 47°34'21", E 10°11'37"

Der Campingplatz liegt direkt hinter dem Weg, der am Ufer des Großen Alpsees entlangführt. Zum Wasser sind es also nur ein paar Meter. Der Platz ist grün und mit modernen Sanitäranlagen ausgestattet. Waschmaschinen und Kiosk sind vorhanden. Der Platz hat von Ostern bis Dreikönig geöffnet. Nach Immenstadt sind es etwa zwei Kilometer.

ZWEI SCHMANKERL verschönern den Aufenthalt auf dem Campingplatz am Alpsee: Auf dem Dach des Rezeptions- und Sanitärgebäudes befindet sich ein Infinity-Pool mit Blick auf den See. An kühleren oder regnerischen Tagen sorgt eine Sauna für Entspannung.

STELLPLATZ IMMENSTADT

ADRESSE: Viehmarktplatz/Badeweg, 87509 Immenstadt

ANFAHRT: Von der B 19 Richtung Immenstadt abbiegen, auf der B 308 durch die Stadt zum Viehmarktplatz.

GPS: N 47°33'42", E 10°12'30"

Zwischen dem Zentrum von Immenstadt und dem Großen Alpsee befindet sich der Stellplatz der Stadt. Von hier sind es zwei Kilometer bis zum Ufer des Sees und nur wenige Gehminuten zum Marienplatz. Der Stellplatz ist Teil eines großen Schotterparkplatzes, auf dem auch Veranstaltungen wie Flohmärkte oder der Viehscheid stattfinden. Schatten und Strom gibt es keinen, dafür Frischwasser und eine Entsorgungsmöglichkeit für Chemie-WCs. Maximal darf man drei Nächte bleiben.

AUSZEIT AM WASSER

Baden, Wandern und Radeln am Niedersonthofener See

Idylle zwischen grünen Hügeln am Niedersonthofener See

3

Wer sich ein Wochenende lang im Allgäu entspannen möchte, ist in Niedersonthofen richtig. Direkt an einem großen See gelegen, geht es in dem Dorf beschaulich und unaufgeregt zu. Camper verbringen ihre Tage gemütlich am Wasser oder erkunden die Landschaft zu Fuß und mit dem Rad.

Direkt am Niedersonthofener See, auf der sogenannten »Insel«, befindet sich ein schöner Campingplatz, der freundlich und gemütlich geführt wird. Er hat einen eigenen Seezugang und es ist hier so schön, dass man sich gar nicht vom Fleck bewegen muss, wenn man nicht möchte. Zum Baden gibt es noch drei weitere Anlaufstellen: auf der Seite von Oberdorf direkt dem Insel-Camping gegenüber, am nordwestlichen Ende und am Westufer. Die weitläufigen Liegewiesen laden zum Faulenzen ein. Im flachen Wasser am Ufer planschen Kinder, während Schwimmer große Runden ziehen. Wer den ganzen See erkunden möchte, leiht sich auf dem Campingplatz ein Ruderboot oder läuft einmal rundherum. Der bequeme Wanderweg mit wenig Höhenunterschied ist rund zehn Kilometer lang. Gemütlich gelaufen braucht man also an die drei Stunden für die Strecke. Inhaber eines Fischereischeins können sich zum Angeln eine Tages- oder Wochenkarte kaufen.

Tipp

Die Angelkarten kann man bequem online über das Portal www.hejfish.com oder über die heyfish-App kaufen. Dort gibt es auch Infos über die Saison, Fischarten und vieles mehr.

WANDERN AM WASSER

Wer sich doch einmal vom See losreißen kann, dem seien zwei Wanderungen empfohlen. Vom südlichen Ufer des Sees läuft man gut eine Stunde in Richtung Süden zum Werdensteiner Moos, das östlich vom Ort Eckarts liegt. Auch mit dem Fahrrad ist es gut zu erreichen. Ein Rundweg führt durch das Moor mit seinen tiefdunklen Tümpeln, aus denen die weißen Stämme von Birken herausragen. Ein Besuch lohnt sich auch bei verhangenem Himmel: Leichter Nebel verleiht dem Moor eine besonders mystische Stimmung. Auf einem Lehrpfad erfährt man mehr über die Landschaft. Wer genau hinsieht, entdeckt vielleicht einen Frosch oder eine Libelle.

3

Dem Weg des Wassers folgen Wanderer zu einem beeindruckenden Wasserfall. Dafür starten sie im Südwesten von Niedersonthofen. Ein schmaler Waldpfad führt über Wurzeln und Steine. Er fordert festes Schuhwerk und Trittsicherheit. Entlang des Weges informieren Texttafeln über heimische Kräuter, Brauchtum und vieles mehr. Wer hinter dem Wasserfall noch nach Rieggis weiterläuft, kommt von hier etwas weiter nördlich auf einem anderen Weg zurück zum Ausgangspunkt. Die Wanderziele sind auf Schildern gut markiert.

LECKERES MIT BLICK auf den See gibt es auf der Terrasse des Landgasthofs Sonne. In Sachen deftige Spezialitäten der Allgäuer Küche ist alles dabei: vom Wurstsalat über Kässpatzn bis zum Zwiebelrostbraten. Wollmuths 50, 87448 Waltenhofen, Tel. 08379/72 87 35, info@sonne-niedersonthofen.de, Donnerstag und Sonntag 11–17 Uhr, Freitag und Samstag 11–22 Uhr, Mittwoch 11–21 Uhr

Vom Frühjahr bis in den Sommer blüht im Moor das Wollgras.

KRÄUTERDORF NIEDERSONTHOFEN

In Niedersonthofen sieht man sofort, dass sich die Bewohner liebevoll um ihre Pflanzen kümmern. Im Frühjahr und im Sommer blüht es überall bunt, der Geruch von Rosen oder Minze hängt in der Luft. Zum Thema Kräuter finden in den warmen Monaten mehrere Veranstaltungen statt, darunter ein großer Markt. Was man am Wegesrand so alles Wildes essen kann, erfahren Interessierte auf einer Kräuterwanderung. Nicht zu verachten sind auch die Heilkräfte der Pflanzen. Am besten macht man unterwegs Fotos von den gezeigten Blumen und Blättern, damit man sie auch auf eigene Faust wiederfinden kann. Der Erinnerung hilft es auch, wenn man einfach ein Exemplar mitnimmt und in einem Buch trocken presst. Dann kann man sich sein eigenes kleines Nachschlagewerk basteln.

Tipp

Die Termine für Veranstaltungen rund um Kräuter, ihre Heilwirkungen und Verarbeitungsmöglichkeiten stehen in einem Online-Kalender unter www.niedersonthofen-see.de/kräutertermine.html.

RADTOUREN IN DER UMGEBUNG

Von Oberstdorf durchfließt die Iller das Allgäu, bis sie bei Ulm in die Donau mündet. Ihrem Ufer folgt ein Radweg. Von Niedersonthofen lässt sich der Oberallgäuer Abschnitt der Route gut erkunden. Man muss sich nur entscheiden, ob man nach Norden in Richtung Kempten oder nach Süden in Richtung Oberstdorf fahren möchte. Auf diesem Weg können Radler eine Tour mit einem Rundgang durch Kempten oder Immenstadt verbinden. Der Iller-Radweg ist in beide Richtungen gut ausgeschildert. Bis auf ein kurzes Stück auf einer wenig befahrenen Landstraße südlich von Martinszell fährt man immer an der Iller entlang. Richtung Oberstdorf geht es tendenziell etwas bergauf, es sind aber keine großen Anstiege zu überwinden. Von Vorteil ist ein Fahrrad mit breiteren Reifen, da der Untergrund schon mal etwas holprig werden kann. Meist ist der Weg aber gut zu fahren und er wird auch regelmäßig ausgebessert. Augen auf beim Radeln: Immer wieder führen Trampelpfade ans Ufer der Iller. Wer ihnen folgt, findet so manch einsame Kiesbank, die sich gut für eine lauschige Pause oder auch ein Picknick eignet.

Je nach Sonne leuchtet die Iller in Farben von Hellblau bis Türkis.

Tipp

Ab und zu sind die Wege entlang der Iller schwer befahrbar – zum Beispiel, wenn es stark geregnet hat und der Fluss über die Ufer getreten ist. Informationen zu den aktuellen Verhältnissen und gelegentlichen Baustellen gibt es unter www.adfc-kempten.de/radwege/verkehrsmeldungen/iller.

Als Ziel für eine Radtour eignen sich außerdem der **Widdumer Weiher** und die **Burgruine Langenegg**. Hier ist man mit Hin- und Rückweg je eine gute Stunde unterwegs. Man fährt nach Martinszell, von dort über die Iller nach Häusern und dann nach Widdum zum malerischen Weiher. Das Wasser ist von den Blättern unzähliger Seerosen wie gepunktet. Wer Glück hat, sieht sie in voller Pracht – im Juni hat man gute Chancen.

Ein Wanderweg lädt zu einer Runde südlich des Sees ein. Am Ufer entlang führt er über Wiesen und durch Wald. Auf einem Holzsteg geht es übers Moor und dann in einer großen Kurve wieder nach Häusern. Ebenfalls von Martinszell gelangt man über Sondert und Wolfen zur Burgruine Langenegg (N 47°36‘55“, E 10°17‘37“), die ihren Ursprung im 13. Jahrhundert hat. Im 18. Jahrhundert wurde die Anlage zu einem Zucht- und Armenhaus umgebaut, in dem auch die Frau untergebracht war, die 1775 im letzten deutschen Hexenprozess verurteilt wurde. Ihre Todesstrafe hat sie aber nie erhalten. Heute steht noch ein Teil des Bergfrieds, der von einer Schleife der Iller gut geschützt wird. Was für die Burg früher einen Vorteil in der Verteidigung darstellte, macht ihre Lage heute besonders idyllisch.

DER STOFFELBERG (1063 m) direkt bei Niedersonthofen ist ein schöner Wanderberg für Groß und Klein. Das Beste an ihm ist die herrliche Aussicht auf die Alpenkette, die man unterwegs hat. Die Wege sind gut ausgebaut und der Rundweg bleibt durch Thementafeln kurzweilig. Hinter der Touristinfo geht es hinauf nach Stoffels. Dann führt der Weg vorbei am Gasthof Alpenblick zum höchsten Punkt und von dort in einer großen Runde einmal rundherum. Kurz bevor man wieder auf den Weg trifft, den man schon vom Aufstieg kennt, kommt man an der Alpe Stoffelberg vorbei. Sie ist nicht bewirtschaftet, aber man kann hier zwischen Mai und September, wenn die Kühe auf den Wiesen rundherum weiden, handwerklich hergestellten Käse kaufen. Rund zwei Stunden Laufzeit sollte man für die Wanderung einplanen.

Obacht: Die Wege am Wasserfall sind oft rutschig.

3

ESSEN MIT AUSSICHT: Das Burg-Café Werdenstein liegt auf einer Anhöhe, was ihm bei schönem Wetter eine tolle Panoramasicht auf die Berge beschert. Mit fünfeinhalb Kilometer Entfernung vom Campingplatz am See eignet es sich auch als Ziel einer Fahrradtour. Es gibt gutbürgerliche Küche und hausgemachte Kuchen. Burgweg 7, 87509 Werdenstein, Tel. 08379/728 90 56, info@burgcafe-werdenstein.de, Montag–Mittwoch und Freitag–Samstag 12–19 Uhr, Sonntag und Feiertage 10–19 Uhr

▲ Und dazwischen: Baden nicht vergessen! ◀ Im Bergbauernmuseum gibt es interessante Führungen … ▶ … und man kann selbst Butter machen.

Gute Idee: Runde durchs Werdensteiner Moos mit Einkehr im Burg-Café

AUSFLUG ZU DEN ALTEN BERGBAUERN

Etwa 15 Minuten braucht man mit dem Auto vom Niedersonthofener See nach Diepolz. Hier zeigt das Bergbauernmuseum, wie die Landbevölkerung im Allgäu früher lebte. In dem Freilichtmuseum sind mehrere historische Höfe zu entdecken. Der Besuch ist interessant für Groß und Klein, deshalb eignet er sich vor allem auch für Familien. Zwischen den alten Gebäuden leben Schafe, Hühner und Bienen. In den Bauerngärten erfährt man, was früher für die Selbstversorgung angepflanzt wurde. Kinder haben besonders viel Spaß im begehbaren Kuhmagen, auf dem Traktoren-Parcours und beim Hüpfen im Stroh. Bevor man sich auf den Weg zum Museum macht, lohnt ein Blick auf den Jahreskalender. An Aktionstagen werden historische Berufe und Handwerke vorgestellt. In Kursen lernt man, wie man Besen bindet, Kerzen zieht oder typische Allgäuer Gerichte kocht. Außerdem bietet das Museum Führungen an.

AUF EINEN BLICK

Info

STADT/REGION: Niedersonthofener See
BESTE REISEZEIT: ganzjährig
TOURISTINFO:
Gästeinformation Niedersonthofen,
Sonnenstraße 9, 87448 Waltenhofen, Tel. 08379/72 81 46,
infonieso@waltenhofen.de,
www.niedersonthofen-see.de

AKTIV UNTERWEGS

ILLER-RADWEG: Tel. 0831/575 37 30, info@allgaeu.de,
www.illerradweg.de
BURGRUINE LANGENEGG: 87448 Waltenhofen, Tel. 08303/79 29,
gaesteinformation@waltenhofen.de, www.allgaeuerseenland.de/aktivitaeten/sehenswuerdigkeiten/burgen/burgruine-langenegg
WIDDUMER WEIHER: Widdum, 87448 Waltenhofen, Tel. 08303/79 29,
gaesteinformation@waltenhofen.de,
www.allgaeuerseenland.de/seenland/seen-weiher/widdumer-weiher
BERGBAUERNMUSEUM: Diepolz 44, 87509 Immenstadt,
Tel. 08320/925 92 90, info@bergbauernmuseum.de,
www.bergbauernmuseum.de

Auf dem Iller-Radweg Richtung Kempten

Camping auf der »Insel«

INSEL-CAMPING

ADRESSE: Insel 32 3/4, 87448 Waltenhofen, Tel. 08379/881, info@insel-camping.de, www.insel-camping.de

ANFAHRT: Von der B 19 Richtung Niedersonthofener See/ Memhölz abfahren, in Memhölz links zum See abbiegen.

GPS: N 47°38‘27“, E 10°16‘43“

Der Name des Campingplatzes ist leicht trügerisch, denn eigentlich liegt er eher auf einer Landzunge. Das macht ihn aber nicht weniger schön. Der Platz ist ganzjährig geöffnet und sehr ruhig. Auf einem kurzen Pfad gelangt man schnell zum Badestrand mit Liegewiese und viel Schatten. Auf dem Gelände gibt es eine Gaststätte mit Kegelbahn, am Kiosk bekommt man Unverzichtbares sowie Genussvolles wie Bier und Eis. Brötchen fürs Frühstück können an der Rezeption bestellt werden. Im Winter ist die Region schön zum Langlaufen und Wandern.

WOCHENENDE ZWISCHEN GIPFELN

Wanderungen und Naturbäder in Bad Hindelang

Ein Murmeltier genießt die Aussicht auf die Allgäuer Hochalpen.

Bad Hindelang liegt direkt am Fuße der Allgäuer Alpen. Damit ist es mit seinen Ortsteilen Oberjoch und Hinterstein der perfekte Ausgangsort für ein paar Tage in den Bergen. Hier startet man zu gemütlichen Talspaziergängen ebenso wie zu Gipfeltouren. Bei letzteren können auch die Bergbahnen helfen.

Bad Hindelang befindet sich im schönen Ostrachtal. Camper machen es sich auf dem idyllischen Wohnmobilstellplatz gemütlich und erkunden von dort die Bergwelt. Am besten startet man seinen Kurztrip mit einem Bummel durch Bad Hindelang. Hier kann man sich gut in Ruhe und Gelassenheit üben, denn morgens und abends kann es schon mal vorkommen, dass einem ein paar Kühe den Weg versperren. Traditionelle Häuser mit bunten Blumen an den Fenstern säumen die Straßen. Viele kleine Läden bieten Mitbringsel und Souvenirs an. Der Bauernmarkt vereint mehrere Läden, die Regionales verkaufen. An die Geschichte der Region angelehnt, gibt es zum Beispiel viele Arten von Salz zu kaufen. Früher wurde das weiße Gold über den Jochpass nach Bad Hindelang transportiert, um von dort an den Bodensee gebracht zu werden. Ende des 18. Jahrhunderts kamen täglich zwischen 60 und 80 Wagen mit Salz vorbei.

RUND UM BAD HINDELANG

Ebenfalls historisch begründet sind die drei heute noch betriebenen **Hammerschmieden** in Bad Oberdorf gleich neben Bad Hindelang. In einem Kanal setzt die Ostrach große Wasserräder in Bewegung, die die Werkzeuge im Inneren der Werkstätten betreiben. Früher fertigte man hier Waffen aus Eisenerz, das in Hinterstein gefördert wurde. Heute kann man Pfannen und Schaufeln erwerben.
Direkt vom Wohnmobilstellplatz kann man außerdem zu einem gemütlichen Spaziergang starten, der durch die Felder und Parks im Tal führt. Unterwegs dürfen die Schuhe gern von den Füßen in die Hände wandern. Vom Hirschbachwäldchen zum Schanzpark, am Wildbach entlang, führt ein **Barfußpfad**. Um die Aufmerksamkeit zu stärken, kann man hier ein kleines Experiment wagen: Man nimmt sich gegenseitig an die Hand und einer läuft mit geschlossenen Augen weiter. Mal sehen, wer so erkennen kann, was er unter den Fußsohlen hat.

Farbenfrohe Gärten vor traditionellen Häusern

WER UNTERWEGS HUNGER HAT, bekommt im Hotel Wiesengrund, zu dem der Stellplatz gehört, immer etwas zu essen. Camper sind zu Frühstück, Mittag- und Abendessen willkommen. Im Sommer kann man schön draußen im Biergarten sitzen. Auch ein Blick auf das Veranstaltungsprogramm lohnt sich. Ostrachstraße 23, 87541 Bad Hindelang, Tel. 08324/22 19, info@wiesengrund.com

Wer sich einen Überblick verschaffen will, besteigt den **Hirschberg** (1500 m). Von dort oben haben Gipfelstürmer einen guten Ausblick auf die Region. Obacht beim Blick auf die Karte: Etwas weiter nördlich gibt es noch einen Berg mit demselben Namen! Von Bad Hindelang beginnt der Weg im eindrucksvollen **Hirschbachtobel**. Am Bergbach entlang führt ein Pfad, der auch mal steiler wird. Wanderer brauchen einiges an Kondition sowie Trittsicherheit und Schwindelfreiheit. Die felsigen Stellen sind zum Teil mit Stahlseilen gesichert. Besonders schön sind die Blicke auf den hohen Wasserfall und ins Tal nach Bad Hindelang. Zwischen dem Wasserfall und der Hirschalpe zweigt ein Weg nach Oberjoch über den Ifenblick ab. So kann man die Wanderung ein bisschen abkürzen. Vom Gipfel des Hirschbergs muss man nicht auf demselben Weg zurück. Man kann auch Richtung Westen wieder absteigen. Egal wo man am Ende rauskommt, Bad Hindelang und Oberjoch sind durch einen regelmäßigen Busverkehr verbunden.

4

NICHTS SCHÖNERES, als auf einer Wanderung in einer Berghütte einzukehren! Auf der Hirschalpe genießen Wanderer hausgemachte Knödel und Kuchen. Der Weg zur Hütte zweigt noch vor dem Gipfel des Hirschbergs ab und ist gut ausgeschildert. Tel. 08324/474 und 0175/207 89 61, hirschalpe-oberjoch@web.de, Mitte Mai–Anfang November 11–17 Uhr, Anfang November–Mitte Mai an sonnigen Wochenenden 11–17 Uhr, für tagesaktuelle Öffnungszeiten anrufen

Die Wandermöglichkeiten sind fast unendlich.

4

MIT DEM BUS INS HINTERSTEINER TAL

Wenn man von Bad Hindelang noch weiter ins Tal fährt, erreicht man den Ortsteil Hinterstein. Hier kommt man gut mit dem Fahrrad, aber auch mit dem Bus hin. Nach dem Ortsende ist das malerische Tal für den öffentlichen Verkehr gesperrt. Wer hier weiter möchte, läuft zu Fuß, nimmt ein Fahrrad oder steigt in den Bus zum Giebelhaus. Das Gasthaus ist ein Stützpunkt im hinteren Tal (Giebelstraße 100, 87541 Bad Hindelang/Hinterstein, Tel. 08324/81 46, Giebelhaus-Hinterstein@t-online.de, Donnerstag–Dienstag 11–17 Uhr). Wer dort einkehren möchte, sollte sich die Spezialität des Hauses nicht entgehen lassen: Hinter dem Namen »Zochel« verbirgt sich schmackhafter Knödelteig, von Wirsing ummantelt und mit Käse überbacken.
Vom Giebelhaus brechen Bergsteiger zum imposanten Hochvogel (2592 m) auf. Dieser Gipfel ist leicht zu erkennen, weil er ein bisschen wie eine Zipfelmütze aussieht. Wer nicht ganz so weit hinauf möchte, wählt vor dem Giebelhaus den rechten Weg. Hier liegen gleich drei bewirtschaftete Hütten auf einer Strecke: die Alpe Engeratsgund, die Sennalpe Laufbichl und die Alpe Plättele. Jeder geht, so weit er mag, und bekommt immer eine Brotzeit.

FÜR DIE WANDERBROTZEIT zum Mitnehmen oder zum Frühstücken geht man am besten in die Biokäserei in der Oberen Mühle: Hier kann man sich ein Glas frische Milch oder Buttermilch zapfen und sich etwas aus dem Käseangebot aussuchen. Wie dieser hergestellt wird, kann man an ausgewählten Tagen durch ein Fenster beobachten. Gleich nebenan gibt es gehobene Allgäuer Küche im lauschigen Biergarten. Ostrachstraße 40, 87541 Bad Hindelang, Tel. 08324/28 57, info@obere-muehle.de, 9.30–13 Uhr und 14–18 Uhr

MIT DER BAHN HOCH HINAUS

Auch wer die Berge lieber mit der Bahn erkundet, hat rund um Bad Hindelang genug Auswahl. Direkt vom Ort fährt die Hornbahn auf 1314 Meter hinauf. Innerhalb einer Stunde kann man von hier den Gipfel des Imberger Horns (1655 m) besteigen. Oder man wählt den Rundweg, der zum Aus-

▲ Bad Hindelang aus der Vogelperspektive ◀ Auch eine Wanderung im Tal lohnt sich. ▶ Jungbrunnen: Baden im Moorwasser

sichtspunkt Burgschrofen führt. Bei dieser Wanderung ist man rund eine Dreiviertelstunde unterwegs und genießt den Blick in die Täler.
Auch von Oberjoch geht es mit Unterstützung in die Berge. In der Zwischensaison im Frühjahr und im Herbst ist hier die Wiedhagbahn in Betrieb. In der Hochsaison fährt die Iselerbahn. Von beiden Bergstationen kann man unter anderem den Gipfel des Iseler (1876 m) erklimmen. Wenn man von den Bergstationen Richtung Tirol läuft, folgt man der historischen Spur der Schmuggler, die hier Waren unerlaubt über die Landesgrenze brachten. Unterwegs bringen viele Stationen und Aufgaben jungen Wanderern viel Spaß – und auch die Erwachsenen lernen etwas dabei.

Tipp

Am Hang unter dem Iseler befindet sich der Einstieg in den fordernden Salewa-Klettersteig (Schwierigkeit B/C). Er ist in drei Abschnitte unterteilt, die auch separat begangen werden können. Erfahrung und Klettersteigausrüstung sind nötig. Geführte Begehungen bietet das Hindelanger Bergführerbüro an: Tel. 08324/95 36 50, info@bergschulen.de, www.bergschulen.de.

Nicht erschrecken: Der Schrecksee hat so gar nichts Unheimliches an sich.

EINEN BESONDEREN ABEND kann man in der Weinbar verbringen. Wer möchte, trinkt sich hier einmal um die Welt. Zum Wein aus Italien, Spanien oder auch Südafrika gibt es Allgäuer Käse. Nachmittags werden Kaffee und hausgemachter Kuchen serviert. Marktstraße 5, 87541 Bad Hindelang, Tel. 08324/97 34 48, kcw@raumrausch.de, Donnerstag und Freitag 15–23 Uhr

NATÜRLICHE ABKÜHLUNG

An heißen Sommertagen sorgen in Bad Hindelang gleich drei besondere Bäder für Abkühlung. In Oberjoch gibt es ein frei zugängliches Moorbad. Es ist natürlich gestaltet. Viele Bäume und Büsche bilden versteckte Ecken. Plattformen aus Holz laden zum Sonnenbaden ein. Das Wasser ist vom Moor leicht bräunlich gefärbt und schön kühl. Für Nichtschwimmer gibt es einen abgetrennten Bereich. Vor oder nach dem Bad bietet sich ein Spaziergang auf dem Moorrundweg an. Infotafeln beschreiben die Flora und Fauna, zu der unter anderem fleischfressende Pflanzen und sogenannte

Rauschbeeren gehören. Diese ähneln leckeren Blaubeeren, haben aber helles Fleisch und wenig Geschmack. Was der Name erwarten lässt, trifft nicht zu: Sie haben keine berauschende Wirkung.

Das **Naturbad** in Bad Hindelang ist ein Freibad der besonderen Art: Hier wird das Wasser auf natürliche Art gereinigt. Ähnlich verhält es sich in der **Prinze Gumpe** in Hinterstein. In dem frei zugänglichen Garten mit Liegewiese badet man in einem Teich aus frischem Bergwasser. Als »Gumpe« bezeichnen die Allgäuer ein Wasserloch, das sich zum Beispiel in einem Fluss bildet. Prinzregent Luitpold von Bayern kam 1849 zum Jagen nach Hinterstein und blieb dem Tal auf Jagdausflügen viele Jahre treu. Er soll jeden Morgen in einer Gumpe des Zipfelsbachs – der »Prinze Gumpe« – gebadet haben.

Wer einmal baden möchte wie Prinzregent Luitpold, der macht sich auf den Weg zum **Zipfelsfall**. Der Einstieg in die Wanderung befindet sich am Zipfelsbach gleich neben der Kirche in Hinterstein. Bis zum Wasserfall mit der schönen Gumpe ist es gar nicht weit. Die Wanderung lässt sich noch ausweiten bis zur Zipfelsalp. Dafür geht man einfach immer weiter den Berg hinauf. Der Weg ist steil und anstrengend. Auf der Alpe warten bodenständige Brotzeiten. Insgesamt braucht man für die Strecke um die vier Stunden.

DER SCHRECKSEE ist einer der schönsten Bergseen weit und breit. Wer ihn in natura sehen möchte, muss allerdings einiges an Kondition mitbringen. Vom Parkplatz am Ende von Hinterstein haben Wanderer über 1000 Höhenmeter vor sich. Ein Stück Strecke kann man sich sparen, wenn man mit dem Giebelhausbus bis zum Elektrizitätswerk fährt und dort direkt mit dem steilen Aufstieg beginnt. Sobald man über die letzte Kuppe des Weges blickt, weiß man, dass sich die Mühen gelohnt haben: Dann liegt der See von Gipfeln umrahmt vor des Wanderers Augen. Sein besonderes Merkmal ist die Insel, die aus dem Wasser ragt. Der Anblick mag zum Baden animieren, doch sollte man zuerst einmal die Hand ins Wasser halten. Der See ist das ganze Jahr über eiskalt – vielleicht hat er daher seinen Namen?

AUF EINEN BLICK

Info

STADT/REGION: Bad Hindelang
BESTE REISEZEIT: ganzjährig
TOURISTINFO:
Tourist Information Bad Hindelang,
Unterer Buigenweg 2, 87541 Bad Hindelang, Tel. 08324/89 20 und 08324/89 25 00, info@badhindelang.de, www.badhindelang.de

AKTIV UNTERWEGS

HORNBAHN: Ostrachstraße 20, 87541 Bad Hindelang, Tel. 08324/24 04, hornbahn@hornbahn-hindelang.de, www.hornbahn-hindelang.de
WIEDHAGBAHN UND ISELERBAHN: Passstraße 44, 87541 Bad Hindelang/Oberjoch, Tel. 08324/93 39 90, info@bho-ag.de, www.bergbahnen-hindelang-oberjoch.de
NATURBAD BAD HINDELANG: Ostrachstraße 21, 87541 Bad Hindelang, Tel. 08324/953 90 15, info@badhindelang.de, www.badhindelang.de/urlaub-in-bad-hindelang/allgaeu-erleben/sport-freizeit/naturbad-hindelang-608.html
NATURBAD PRINZE GUMPE: Auf dem Buck 8, 87541 Bad Hindelang/Hinterstein, Tel. 08324/953 64 00, info@prinze-gumpe.de, www.prinze-gumpe.de

WOHNMOBILPARK BAD HINDELANG

ADRESSE: Ostrachstraße 23, 87541 Bad Hindelang, Tel. 08324/22 19, info@wiesengrund.com, www.wiesengrund.com/28-0-Wohnmobilpark.html
ANFAHRT: Von der B 19 Richtung Bad Hindelang abfahren, Sonthofen und Vorderhindelang passieren, am Kreisverkehr vor Bad Hindelang die erste Ausfahrt rechts abbiegen.
GPS: N 47°29‘58“, E 10°22‘19“
Dieser Stellplatz hat alles, was man braucht: Strom, Entsorgungsmöglichkeiten, Frischwasser, Toiletten, Duschen und einen Trockenraum. Er ist von Bäumen umrahmt und liegt der Hornbahn schräg gegenüber.

▲ Stellplatz zum Wohlfühlen am Wiesengrund ◀ Junge Fichtenzapfen auf der Zipfelsalp ▶ Weg durchs Moor bei Oberjoch

Hier kann man Tisch und Stühle auspacken und es sich gemütlich machen. Der Platz gehört zum Hotel Wiesengrund, das etwas weiter vorn gleich neben dem Naturbad steht. Über das Hotel lassen sich Brötchen fürs Frühstück bestellen. Es dürfen nur Wohnmobile, Vans und Busse auf den Platz, da er nicht so groß ist. In der Hochsaison gibt es einen Ausweichplatz um die Ecke. Hier ist es nicht ganz so grün, dafür kann man sich direkt an einen kleinen Bach stellen. Der Platz ist das ganze Jahr geöffnet. Im Winter können Langläufer direkt in die Loipe einsteigen, für Skifahrer fährt der Bus vor der Tür ins Gebiet Oberjoch.

KUR IN DER NATUR

Erholung in den Bergen rund um Oberstaufen

Blauer Himmel und saftig grüne Wiesen in Oberstaufen.

Oberstaufen ist bekannt für seine Schrothkuren. Doch nicht nur nach den Lehren Johann Schroths kann man seinem Körper hier etwas Gutes tun. Auch für eine selbst verordnete Bergkur ist man hier richtig. Erfrischende Wasserfälle, sympathische Orte und beeindruckende Blicke auf die Alpen sorgen für erholsame Tage.

Wer hier morgens die Wohnmobiltür öffnet, genießt seinen Start in den Tag mit Bergblick. Im Oberstaufener Ortsteil Steibis liegt ein großzügiger Stellplatz mit Aussicht auf liebliche grüne Hügel. Den Hintergrund bildet der markante Gipfel des Hochgrats. Das macht sofort Lust, die Bergwelt zu erkunden.

DIE WASSERFÄLLE BEI OBERSTAUFEN

Direkt vom Stellplatz aus kann man zu den Buchenegger Wasserfällen aufbrechen. In den Rucksack kommen daher am besten auch Badesachen und ein Handtuch. Von Steibis läuft man rund eine Stunde. Der Weg beginnt in der Dorfmitte etwas oberhalb der Kirche und ist gut ausgeschildert. Unterwegs laden zwei bewirtschaftete Alpen zur Einkehr ein.

Am Ziel ergießt sich das Flusswasser über zwei Stufen in tiefe Becken – die Allgäuer nennen sie »Gumpen«. Die untere eignet sich gut zum Abkühlen, da man über einen flachen Einstieg ins Wasser gelangt. Das obere Becken ist von steilen Felsen eingefasst. Hier sieht man im Sommer mutige Allgäuer, die sich in die Tiefe stürzen und anschließend aus dem kalten Wasser wieder nach oben klettern.

Wem die Wanderung zu den Buchenegger Wasserfällen gefallen hat, der kann in der Nähe einen zweiten, ähnlichen Ausflug machen. Der Eibele Wasserfall liegt direkt an der Grenze zu Österreich, am Rand des gleichnamigen Ortes. Von Steibis ist dieser sechseinhalb Kilometer entfernt. Man kann entweder direkt nach Eibele fahren, dann hat man es zum Wasserfall nicht weit. Oder man parkt in Aach und verbindet eine kurze Wanderung mit der Einkehr im »Gaukler«. Der Weg führt von Aach hinab Richtung Eibele, im Tal überquert man auf einer Brücke die Weißach und gleichzeitig die Grenze zu Österreich. Auf der anderen Seite geht es wieder bergauf und schon ist man fast da. Zu Fuß braucht man eine gute halbe Stunde, bis man sich im kalten Wasser erfrischen kann.

5

DER GAUKLER IN AACH bietet in liebevoll eingerichteten Räumen und im lauschigen Biergarten unter anderem leckere Burger und hausgemachte Limonaden an. Aach 7, 87534 Oberstaufen, Tel. 08386/21 50, info@der-gaukler.com, Donnerstag und Freitag 14–1 Uhr, Samstag 12–1 Uhr, Sonntag 12–23 Uhr

KÄSE VON HAND MACHEN

In Thalkirchdorf - zehn Kilometer östlich von Steibis - kann man lernen, seinen eigenen Käse herzustellen. Am kleinen Kupferkessel rührt man die Milch um und passt auf, dass die Temperatur stimmt. Dann macht das Lab die Milch dick. Die Masse wird anschließend mit einer sogenannten Harfe zerteilt. Zuletzt presst man den Weichkäse, den man anschließend mit nach Hause nehmen darf. Der Prozess ist tatsächlich so einfach, dass man ihn in der eigenen Küche nachmachen kann. Natürlich darf auch beim Käsen schon kräftig probiert werden. Während der Arbeit erfahren die Teilnehmer viel Spannendes rund um das Milchprodukt. Die Termine findet man online unter www.kaeseschule.de.

DEN HOCHGRAT BESTEIGEN lohnt. Etwas weiter im Tal hinter Steibis befindet sich der Ausgangspunkt für die Wanderung. Mit 1834 Metern ist der Berg der höchste der Nagelfluhkette, die als Naturpark geschützt ist. Zu Fuß hat man den Gipfel in etwa zweieinhalb Stunden erreicht und 850 Höhenmeter bewältigt. Oben angekommen genießt man eine Aussicht, die zu den schönsten im ganzen Allgäu zählt. Sowohl die lieblichen Hügel der niedrigeren Regionen als auch die Hochalpen bewundert man hier. Es lohnt sich also, die Wanderung bei gutem Wetter mit weiter Sicht anzutreten. Unterwegs locken gleich mehrere Alpen und Hütten mit einer kulinarischen Pause.

Tipp

Wer den Aufstieg auf den Hochgrat scheut, fährt bequem mit der Hochgratbahn hinauf. Die Bergbahn fährt auch im Winter. Dann bietet sie fortgeschrittenen Skifahrern Abfahrten in Naturschnee, was gar nicht mehr so einfach zu finden ist. Von der Bergstation gibt es auch eine Rodelbahn hinab ins Tal.

Der Eibele Wasserfall lädt zum Baden und Faulenzen ein.

▲ Das einzige Fachwerkhaus des Ortes ◀ Rund um Oberstaufen grasen im Sommer viele Kühe. ▶ Traditionelle Verkleidung mit Holzschindeln

RUNDGANG DURCH OBERSTAUFEN

Bei einem Spaziergang durch Oberstaufen gibt es viele historische Gebäude zu entdecken: neben mit Schindeln gedeckten Höfen auch ein Fachwerkhaus. Begleitet wird der Fußmarsch vom Bimmeln der Kuhglocken, das von den westlich gelegenen Wiesenhängen in die Straßen heruntergetragen wird.

Eine gute Orientierung bietet der historische Rundgang, der anhand von Informationstafeln durch den Ort führt. Er beginnt am **Heimatmuseum Beim Strumpfar**, das vom Heimatverein des Ortes liebevoll gepflegt wird.

Von dort geht es zum Marienplatz, der früher als Marktplatz genutzt wurde. Hier fand im 17. Jahrhundert wahrscheinlich der erste Fasnatziestag statt. Dieses Brauchtumsfest gibt es so nur in Oberstaufen. Es wird jährlich am Faschingsdienstag begangen, hat aber einen anderen Ursprung als die Umzüge, die sonst an diesem Tag stattfinden: Im Jahr 1635 erlagen große Teile der Ortsbevölkerung der Pest, was eine traurige Stimmung über das Dorf brachte. Um die Lebensfreude der Überlebenden neu zu wecken, fand ein Umzug mit Trommlern statt, bei dem die Ortsfahne durch die Straßen getragen wurde. Dieses Fest sollte sich fortan jedes Jahr wiederholen. Neben dem Fähnrich, der die Fahne schwingt, ist der bunt verkleidete und maskierte »Butz« eine wichtige Figur. Er reinigt den Ort und die Menschen mit einem Besen symbolisch von der Pest.
Beim weiteren Spaziergang durchs Dorf trifft man außerdem auf eine lokale Besonderheit: das Haus, welches das Restaurant »Beim Kesslar« beherbergt. Das Gebäude, in der ehemals der Kesselmacher arbeitete, fiel einem Brand zum Opfer. Anschließend wurde es als Fachwerkhaus neu aufgebaut und ist damit das einzige dieser Bauart in Oberstaufen. Zwischen den historischen Sehenswürdigkeiten gibt es allerlei Geschäfte, die zum Bummeln einladen. Eine Pause kann man gut im Kurgarten einlegen. Wer hier die Schuhe auszieht, kann seinen Füßen auf einer kleinen Barfußrunde ein wenig Erholung gönnen. Wer noch zu einem Spiel aufgelegt ist, besucht den Minigolfplatz.

FREUNDE VON KÄSE sollten dem Kaas-Fee einen Besuch abstatten. Hier kann man verschiedene Allgäuer Käsesorten zusammen mit hausgemachtem Chutney, Gelee oder Senf probieren. Lindauer Straße 20, 87534 Oberstaufen, Tel. 08386/969 71 37, info@kaas-fee.de, Montag–Freitag 10–18 Uhr, Samstag 10–16 Uhr

SCHMECKT HIMMLISCH und das nicht nur an heißen Tagen: Im Eiscafé Soravia gibt es handwerklich hergestelltes Eis ohne künstliche Zusätze aus frischer Allgäuer Heumilch. Hugo-von-Königsegg-Straße 16, 87534 Oberstaufen, Tel. 08386/72 62, täglich 10–22 Uhr

5

ERLEBNISSE AUF DEM IMBERG

Gleich südlich von Steibis erhebt sich der Imberg (1290 m). Eine Bergbahn bringt im Sommer Wanderer und im Winter Skifahrer hinauf. Wer sich sportlich ein bisschen fordern möchte, besteigt den Berg auf eigene Faust. Der Weg beginnt direkt bei der Talstation der Bahn. Von der Bergstation ist es kein Kilometer mehr bis zum Gipfelkreuz. Für die gesamte Strecke vom Tal bis zum Gipfel sollten Wanderer rund eineinhalb Stunden einplanen. An der Bergstation beginnt außerdem ein Alpenerlebnispfad. Dieser fordert auf guten sechs Kilometern nur wenig Höhenmeter. Unterwegs gibt es an vielen Stationen Interessantes über die Bergwelt zu erfahren. Kinder freuen sich über die Aktionen zum Mitmachen. Neben echten Kühen trifft man auch auf ein lebensgroßes Modell dieses Tiers, an dem man das Melken ausprobieren kann. Am Weg laden mehrere bewirtschaftete Alpen zur Einkehr ein. Der Weg ist gut befestigt, sodass Familien ihn auch mit einem Kinderwagen begehen können.

Tipp

Noch höher hinaus kommt man im Hochseilgarten auf der Alpe Hohenegg. Er liegt etwa 15 Minuten und über einen Fußweg erreichbar von der Bergstation der Imbergbahn entfernt. Über Seilbrücken und wackelige Holzpfähle begeben sich Mutige hier durch die Wipfel der Bäume.

Viele Häuser in Oberstaufen sind hübsch anzuschauen.

Liebliche Hügel vor höheren Bergen bestimmen das Landschaftbild.

ES REGNET und die geplante Wanderung fällt ins Wasser? Im Aquaria in Oberstaufen macht es mehr Spaß, nass zu werden: beim Planschen im Erlebnisbad und beim Schwitzen in der Sauna. Alpenstraße 5, 87534 Oberstaufen, Tel. 08386/931 30, info@aquaria.de, täglich 9–22 Uhr, November–März Freitag und Samstag bis 23 Uhr

FAMILIENAUSFLUG AUF DEN HÜNDLEKOPF

Etwas östlich von Oberstaufen erhebt sich der Hündlekopf (1112 m). Auch hier bringt eine Bergbahn Ausflügler fast bis auf den Gipfel. Auf diesem Berg versammelt sich alles, was das Kinderherz erfreut. An der Talstation fahren auch die Schlitten ab, die ihre Fahrer direkt zum Einstieg der Sommerrodelbahn bringen. Ganz in der Nähe der Talstation freuen sich Kaninchen, Pony und Esel über Streicheleinheiten. Mit schönem Bergblick laden außerdem 14 Bahnen zu einer Partie Minigolf ein.

Tipp

Steibis und der Hündlekopf lassen sich mit einem Weg über die Buchenegger Wasserfälle verbinden. Diese Wanderung dauert in eine Richtung rund zwei Stunden. Die Talstation der Hündlebahn kann man von Steibis außerdem mit dem Bus über Oberstaufen erreichen. Also kann man zum Beispiel mit dem Bus zur Bergbahn fahren, dort mit der Sommerrodelbahn fahren oder Minigolf spielen und anschließend von der Bergstation zurück zum Stellplatz in Steibis laufen. In diese Richtung geht es mehr bergab als bergauf.

AUF EINEN BLICK

Info

STADT/REGION: Oberstaufen
BESTE REISEZEIT: ganzjährig
TOURISTINFO: Tourist Information Steibis, Im Dorf 22, 87534 Oberstaufen/Steibis, Tel. 08386/81 03, steibis@oberstaufen.de, www.steibis.com; Oberstaufen Tourismus, Hugo-von-Königsegg-Straße 8, 87534 Oberstaufen, Tel. 08386/930 00, info@oberstaufen.de, www.oberstaufen.de

AKTIV UNTERWEGS

HEIMATMUSEUM BEIM STRUMPFAR: Jugetweg 10, 87534 Oberstaufen, Tel. 08386/13 00, www.oberstaufen.de/partner/heimatmuseum-oberstaufen
HOCHGRATBAHN: Lanzenbach 5, 87534 Oberstaufen/Steibis, Tel. 08386/82 22, info@hochgrat.de, www.hochgrat.de
IMBERGBAHN: In der Au 19, 87534 Oberstaufen/Steibis, Tel. 08386/81 12, info@imbergbahn.de, www.huendle.eu
HÜNDLEBAHN: Hinterstaufen 10, 87534 Oberstaufen, Tel. 08386/27 20, info@huendle.de, www.huendle.eu
KÄSESCHULE: Kirchdorfer Straße 7, 87534 Oberstaufen/Thalkirchdorf, Tel. 0172/890 87 38, info@kaeseschule.de, www.kaeseschule.de

STELLPLATZ HOCHGRATBLICK

ADRESSE: Am Hößl 10, 87534 Oberstaufen, Tel. 08386/81 80, info@womo-hochgratblick.de, http://www.womo-hochgratblick.de
ANFAHRT: Oberstaufen in Richtung Steibis verlassen, bei Weissach links den Berg hinauf, der Stellplatz befindet sich am Ende von Steibis.
GPS: N 47°31‘36“, E 10°01‘39“
Auf dem großen Stellplatz in Steibis ist die Aussicht besonders schön: liebliche Wiesen mit Kühen und der markante Hochgrat im Hintergrund. Die Anmeldung findet bei der netten Familie Bechteler rund 150 Meter vor dem Stellplatz statt. Wägelchen erleichtern den Gang zur Entsorgungsstation. Der Platz ist leicht schief, aber auch hier ist

▲ Aussicht auf den Hochgrat vom Stellplatz ◀ Den Boden unter den Füßen spüren ▶ Abkühlung bei den Buchenegger Wasserfällen

vorgesorgt: Hölzerne Auffahrkeile stehen zur Verfügung. Strom ist vorhanden und Gasflaschen werden am Platz verkauft. Die Toiletten in der Kfz-Werkstatt der Familie Bechteler sowie im Gasthaus St. Ull'r dürfen von den Stellplatzgästen benutzt werden. Der Platz liegt günstig: In einer Stunde ist man zu Fuß bei den Buchenegger Wasserfällen und auch die Hochgratbahn ist nur dreieinhalb Kilometer entfernt – gut mit dem Fahrrad zu schaffen. Für einen Besuch in Oberstaufen empfiehlt sich allerdings ein E-Bike oder der Bus, da die sechs Kilometer viele Höhenmeter beinhalten. Im Winter freuen sich Skifahrer, dass der Zubringerlift zur Skiarena Steibis ganz in der Nähe ist. In Laufdistanz gibt es einen Dorfladen, der von den Bewohnern gemeinschaftlich betrieben wird.

MITTEN IN DEN ALLGÄUER BERGEN

Von Oberstdorf aus die Hochalpen und Täler erkunden

Rund um Oberstdorf haben Wanderer und Radler eine herrliche Bergsicht.

6

Hier ist schon der Blick aus dem Fenster beeindruckend: Oberstdorf ist auf drei Seiten von den Allgäuer Alpen umschlossen. Nur Richtung Norden öffnet sich das vergleichsweise ebene Illertal. Die Region ist ideal für Naturfreunde und begeisterte Sportler sowie Sportgucker - denn hier steht die berühmte Audi Arena, in der jeden Winter das Auftaktspringen der Vierschanzentournee stattfindet.

Oberstdorf ist einfach schön anzuschauen. Authentische Häuser schmücken die Straßen regelrecht. Vor den Fenstern quellen die bunten Blumen aus ihren Töpfen. Die Fassaden sind mit Schindeln gedeckt oder bemalt. Andere Gebäude stellen ihr Fachwerk zur Schau. In den verkehrsberuhigten Straßen herrscht buntes Treiben. Viele kleine Läden bieten typische Souvenirs oder regionale Spezialitäten an. Auch an Sportgeschäften mangelt es nicht, denn Oberstdorf ist ein Zentrum des Bergsports.

ZUM EINSTIMMEN EIN SEE

An warmen Tagen bietet sich eine Tour zum Freibergsee an. Vom Ortszentrum sind es vier Kilometer zum Parkplatz Renksteg, wo der Wanderweg beginnt. Diese kann man entweder zu Fuß, mit dem Fahrrad oder dem Bus zurücklegen. Vom Parkplatz ist man bereits in einer halben Stunde am See, den man auch umrunden kann. Oben gibt es ein Naturbad mit Restaurant. Man kann aber an einigen Stellen auch so einmal kurz ins Wasser hüpfen.

Der See ist schön im Wald gelegen. Besonders macht ihn die Aussicht auf die Heini-Klopfer-Skiflugschanze, die über die Bäume herausragt. Steigt man auf der anderen Uferseite über Schwand ab, kommt man direkt an der Schanze vorbei und schließlich nach guten zwei Stunden Fußweg wieder am Parkplatz Renksteg an.

Tipp

Wer einmal von der Skiflugschanze hinabschauen möchte, kann mit dem Aufzug bis ganz nach oben fahren. Jeden Donnerstagnachmittag wird außerdem eine Führung angeboten, für die man sich vorher telefonisch oder per E-Mail anmeldet. Tel. 08322/700 52 04, info@skiflugschanze-oberstdorf.de

IM ONDERSCH ist auf Allgäuerisch alles etwas »anders«. Im

Untergeschoss bekommt man in Streetfood-Manier Burger, Sushi und Kässpatzn, oben wird Gourmetküche serviert. Ludwigstraße 7, 87561 Oberstdorf, Tel. 08322/300 48 85, info@ondersch.de, Streetfood Dienstag–Samstag 12–23.30 Uhr, Sonntag–Montag 15–23.30 Uhr, Genusswirtschaft Dienstag–Samstag 18–23.30 Uhr

EINMALIGE BERGSICHT

Einen traumhaften Ausblick hat man vom Nebelhorn. Wer zu Fuß gehen möchte, hat einige Höhenmeter bis zum 2224 Meter hohen Gipfel zu überwinden. Abhilfe schaffen die Gondeln der Nebelhornbahn. Sie halten an drei Stationen: auf der Seealpe, am Höfatsblick und am Gipfel. Die Aussicht auf die Hochalpen ist bereits ab der Mittelstation so schön, dass man sich kaum sattsehen kann. Aus dem Panorama sticht die Höfats (2259 m) mit ihren vier fast gleich hohen Gipfeln hervor, die der Bergstation ihren Namen gibt. Hier kann man eine gemütliche Runde laufen und einfach nur die Berge genießen. Im Winter verlaufen hier die Pisten eines der größeren Skigebiete der Region.

Von der Skiflugschanze können Profis über 200 Meter weit springen.

Der Stuibenfall im Talschluss des Oytals

IM SCHÖNEN OYTAL

Wer Lust auf eine Radtour hat, dem sei als Ziel das Oytal empfohlen. Gleich neben der Nebelhornbahn geht es zunächst einmal steil bergauf, danach ist die Steigung gemütlich zu meistern. Beeindruckende Blicke auf die hohen Allgäuer Berge begleiten einen die ganze Zeit. Zunächst fährt man mit Blick ins Trettachtal, bevor man sich ins Oytal wendet. Am Ende der Asphaltstraße begrüßt das beliebte Ausflugslokal Oytalhaus seine Gäste. Anschließend geht es auf einer Schotterstraße weiter bis zum imposanten Stuibenfall.

Zum Oytalhaus ist es eine gute Dreiviertelstunde. Zum Wasserfall braucht man doppelt so lang, wobei es zum Ende hin noch einmal steiler hinaufgeht. Die Rückfahrt ist angenehm, weil man die ganze Zeit bergab rollen kann. Als Tagestour kann man die Strecke auch zu Fuß gehen. Die reine Laufzeit beträgt dann rund sechs Stunden. Aber auch Wanderer können sich eine Abfahrt gönnen: Ab 15 Uhr können sie im Oytalhaus einen Bergroller ausleihen und damit zurücksausen. Die Roller werden im Anschluss im Tal abgegeben.

AUSFLUG IN DIE BREITACHKLAMM

Ein Naturschauspiel, das man sich nicht entgehen lassen sollte, gibt es in der Breitachklamm zu sehen. Hier tost das Wasser der Breitach zwischen steilen Felswänden hindurch. Es strudelt in Becken und fällt über

Absätze. Die Schlucht hat zwei Eingänge: Einer liegt in Tiefenbach, das fünf Straßenkilometer von Oberstdorf entfernt ist. Mit dem Bus kann man von Oberstdorf zum anderen Eingang an der Walserschanz im österreichischen Kleinwalsertal fahren. Ein Besuch lohnt sich auch in der Winterzeit, wenn die Breitachklamm sich von einer ganz anderen Seite zeigt. Gut eingepackt in eine dicke Jacke, mit Handschuhen und Mütze bewundert man glitzernde Eiszapfen, die die kalten grauen Wände in eine märchenhafte Schlucht verwandeln.

ETWAS AUSSERHALB von Oberstdorf gibt es im Restaurant Karatsbichl Gerichte aus eigener Forellenzucht, Brotzeiten und Gutbürgerliches. Karatsbichl 1, 87561 Oberstdorf, Tel. 08322/45 72, info@karatsbichl.de, Sommer Mittwoch–Sonntag 10–18 Uhr, warme Küche 11.30–15 Uhr; Winter zusätzlich Donnerstag und Freitag 18–22 Uhr

BERGERLEBNIS FÜR DIE GANZE FAMILIE

Als »Familienberg« bezeichnet sich das Söllereck (1706 m). Hier sind alle richtig, die sich von einem Berg etwas mehr als einfach nur den Berg wünschen. In weniger als zehn Minuten ist man mit dem Auto oder dem Bus vom Ortszentrum an der Talstation der Söllereckbahn. Freilich kann man hier einfach nur zum Wandern herkommen. Es gibt aber noch viel mehr zu entdecken. Jeder, der gern Rodeln geht, kann das hier zu jeder Jahreszeit und bei jedem Wetter tun, denn der Allgäu-Coaster rast auf Schienen den Berg hinunter. Bei Regen bekommen die Gefährte eine Haube, damit die Insassen nicht nass werden.

Wer lieber ein bisschen kraxeln möchte, besucht den Waldseilgarten und überwindet wackelige Hindernisse in schwindeliger Höhe. Kinder ab sechs Jahre können sich hier austoben; die Parcours richten sich aber auch an Erwachsene. Wer seine Kleinen zum Abstieg von der Bergstation motivieren möchte, dem hilft eine Murmelbahn in Riesenformat. In drei Abschnitten rollen kleine Holzkugeln insgesamt über 150 Meter ins Tal. Dabei sehen Jung und Alt zu, wie sich die Murmeln auf verschlungenen Wegen, durch Spiralen und Labyrinthe ihren Weg ins Tal bahnen. Auch am Söllereck wird im Winter ein Skigebiet betrieben.

◀ Leider darf man im Moorweiher nicht baden. ▲ In Oberstdorf sind die Berge nie fern. ▼ Blick auf Oberstdorf von Süden

GESUND UND LECKER ist es im Mandala Café. Unter der Woche werden Mittagsgerichte sowie Kaffee und Kuchen angeboten. Am Samstag bekommt man hier ein köstliches Frühstück. Weststraße 14, 87561 Oberstdorf, Tel. 08322/183 96 62, info@mandala-oberstdorf.de, Mittwoch–Freitag 12–17 Uhr, Samstag 9–13 Uhr

ÜBER VIER GIPFEL

Vom Söllereck kann man sich auf eine Gratwanderung mit vier Gipfeln begeben. Der Weg ist gut ausgebaut und leicht zu begehen. Dass es auf beiden Seiten bergab geht, macht ihn besonders spannend.

Überall blühen Blumen an den Fenstern.

Zunächst folgen Wanderer ab der Bergstation der Beschilderung auf den Gipfel des Söllerecks. Sobald man den ersten Aufstieg überwunden hat und auf dem Bergrücken angekommen ist, kann man entweder rechts noch den Gipfel besteigen oder gleich nach links in Richtung Fellhorn abbiegen. Nun führt der Weg immer am Grat entlang. Und das bedeutet, man hat in alle Richtungen eine herrliche Aussicht – vorausgesetzt, das Wetter spielt mit. Links sieht man über dem Stillachtal die mächtigen Hochalpen. Hier ist unter anderem der Große Krottenkopf zu sehen, mit 2656 Metern der höchste Berg der Allgäuer Alpen. Rechts liegt das Kleinwalsertal, dessen einzige Straßenverbindung zwar nach Deutschland führt, das aber trotzdem zum österreichischen Vorarlberg gehört. Der markante Gipfel mit der schrägen Steilwand ist der Hohe Ifen (2230 m).

Unterwegs kommen Wanderer am Söllerkopf (1925 m) und am Schlappoldkopf (1968 m) vorbei, bis sie mit dem Fellhorn (2038 m) den Zielgipfel erreichen. Von dort folgt ein kurzer Abstieg zur Bergstation der Fellhornbahn. Man kann also am Anfang und am Ende mit einer Bergbahn fahren. Natürlich gibt es auch jeweils die Möglichkeit, zu Fuß auf- oder abzusteigen. Die Gratwanderung nimmt etwa zwei Stunden in Anspruch. In der beschriebenen Richtung läuft man wesentlich mehr bergauf als bergab. Man kann aber auch andersherum laufen. An den Talstationen fährt jeweils ein Bus zurück nach Oberstdorf. Auf den Hängen des Fellhorns werden im Winter viele Pistenkilometer zum Skifahren präpariert.

6

IDYLLISCHE SEEN IN LAUFNÄHE

Als Ziel für einen gemütlichen Spaziergang eignet sich der Moorweiher – egal, ob die Sonne auf grüne Bäume und bunte Blumen scheint oder die Landschaft von Schnee bedeckt ist. Wenn das Wasser still ist, spiegeln sich die Berge im malerischen See. Dieser Anblick ist zu jeder Jahreszeit einen Besuch wert. Man erreicht den Weiher über einen Weg, der an der Brücke neben der Nebelhornbahn beginnt. Zunächst folgt er dem Ufer der Trettach und führt dann auf einen Hügel hinauf. Hier kommt man am Moorbad an, dessen Becken von natürlichem Moorwasser gespeist wird. Anschließend umrundet die Route den Moorweiher einmal: teils durch Wald, teils durch offenes Gelände. Die Stationen eines Lehrpfads erzählen unterwegs von den Pflanzen und Tieren, die hier zu Hause sind. Zur Pause laden mehrere Bänke mit Bergsicht ein.

Wer noch ein bisschen weiterlaufen möchte, steigt wieder zum Fluss ab und begibt sich durch das Trettachtal in Richtung Süden, wo die Berge links und rechts des Weges immer höher werden. Hier erreicht man nach rund eineinhalb Stunden den Christlessee. In seiner unmittelbaren Nähe entspringen die Quellen, die ihn mit Wasser speisen. Er ist so klar, dass man vom Ufer bis auf seinen Grund sehen kann. Bei Sonnenschein im Sommer strahlt der See in erstaunlichen Farben von Tiefblau bis Grün.

Wer immer noch nicht genug von der Aussicht hat, folgt dem Tal noch weiter bis zur Spielmannsau. Auf dieser Strecke verkehren regelmäßig Busse, die müde Wanderer zurück nach Oberstdorf bringen. Noch ein paar Minuten weiter südlich befindet sich die Alpe Oberau, wo es im Sommer deftige Brotzeiten und Kuchen gibt. Besonders gut schmecken Bergkäse und Butter, die vor Ort aus der frischen Milch von Hornkühen hergestellt werden. Ebenfalls zu empfehlen ist ein Glas Fruchtbuttermilch, das mit Marille am leckersten schmeckt.

DAS JAGDHAUS in Oberstdorf kreiert gehobene bayerische Küche. Im Biergarten geht es bei Brotzeit und einer Maß Bier gemütlich zu. Ludwigstraße 13, 87561 Oberstdorf, Tel. 08322/98 73 80, info@das-jagdhaus.de, Restaurant Freitag–Dienstag ab 11.30 Uhr, Donnerstag ab 17.30 Uhr; Biergarten in der warmen Jahreszeit bei schönem Wetter täglich

AUF EINEN BLICK

Info

STADT/REGION: Oberstdorf
BESTE REISEZEIT: ganzjährig
TOURISTINFO:
Tourist Information Oberstdorf, Prinzregenten-Platz 1, 87561 Oberstdorf, Tel. 08322/70 00, info@oberstdorf.de, www.oberstdorf.de

AKTIV UNTERWEGS

AUDI ARENA: Am Faltenbach 27, 87561 Oberstdorf, Tel. 08322/809 03 00, info@audiarena.de, www.audiarena.de
HEINI-KLOPFER-SKIFLUGSCHANZE: Zimmeroy 1, 87561 Oberstdorf, Tel. 08322/700 52 01, info@skiflugschanze-oberstdorf.de, www.skiflugschanze-oberstdorf.de
NATURBAD FREIBERGSEE: Freibergsee 2, 87561 Oberstdorf, Tel. 08322/606 94 95, info@naturbad-freibergsee.de, www.naturbad-freibergsee.de
BREITACHKLAMM: Klammstraße 47, 87561 Tiefenbach, Tel. 08322/98 76 70, info@breitachklamm.com, www.breitachklamm.com
SÖLLERECKBAHN: Kornau-Wanne 8, 87561 Oberstdorf, Tel. 08322/987 56, www.familienberg-soellereck.de
NEBELHORNBAHN UND FELLHORNBAHN:
Nebelhornstraße 67, 87561 Oberstdorf und Faistenoy 10, 87561 Oberstdorf, Tel. 08322/960 00, info@ok-bergbahnen.com, www.ok-bergbahnen.com

CAMPINGPLATZ OBERSTDORF

ADRESSE: Rubinger Straße 16, 87561 Oberstdorf, Tel. 08322/65 25, info@camping-oberstdorf.de, www.camping-oberstdorf.de
ANFAHRT: Auf der B 19 nach Oberstdorf, am Kreisverkehr am Ortsrand dritte Ausfahrt nach Rubi, erster Platz auf der rechten Seite.
GPS: N 47°25‘23“, E 10°16‘37“

◀ Hier fühlen sich nicht nur Bienen wohl. ▶ Campingplatz mit Bergsicht

Vom Campingplatz Oberstdorf ist man in 15 Minuten zu Fuß im Ortszentrum. Am Kiosk gibt es Brötchen fürs Frühstück, eine Gaststätte serviert warmes Essen. Der Platz ist das ganze Jahr geöffnet. Im Winter sollte man unbedingt reservieren. Der Skibus fährt von hier in die großen Skigebiete der Region. Für die Wintersportler gibt es Skikeller und Trockenraum.

VIELE BUNTE BLUMEN wachsen hier während der warmen Monate vor dem ohnehin schon schönen Bergpanorama. Sie machen den Campingplatz in Oberstdorf besonders bienenfreundlich.

WOHNMOBILSTELLPLATZ OBERSTDORF

ADRESSE: Hermann-von-Barth-Straße 9, 87561 Oberstdorf,
Tel. 08322/181, info@wohnmobilstellplatz-oberstdorf.de,
www.wohnmobilstellplatz-oberstdorf.de

ANFAHRT: Auf der B 19 nach Oberstdorf, am Kreisverkehr am Ortsrand die dritte Ausfahrt nach links Richtung Rubi und gleich wieder rechts abbiegen. An der T-Kreuzung links und dem Straßenverlauf bis zum Stellplatz folgen.

GPS: N 47°24‘31“, E 10°17‘11“

Der Stellplatz ist vergleichsweise groß mit Raum für 200 Wohnmobile. In fünf Minuten ist man von hier zu Fuß an der Nebelhornbahn und im Zentrum. Es gibt einen Sanitärbereich, Kleidung kann gewaschen und getrocknet werden. Und auch sonst ist alles da, was man so braucht: Stromanschlüsse, Entsorgungsmöglichkeiten, Gas zum Nachkaufen. Die Anmeldung erfolgt im Häuschen am Platz.

DAS BESTE VOM ALLGÄU

Baden, Berge und Bier rund um den Grüntensee

Im Hintergrund der Grünten, im Vordergrund der nach ihm benannte See

7

Abseits von den typischen Allgäuer Ferienorten verbringt man am Grüntensee ein paar ruhige Tage. Hier erholt man sich am oder im Wasser, bricht direkt vom Wohnmobil zu einer aussichtsreichen Wanderung auf und genießt die bayerische Braukultur in Nesselwang. Beim Sommerrodeln und im Kletterwald kommt auch der Spaß nicht zu kurz.

Am südlichen Ufer des Grüntensees befinden sich gleich nebeneinander ein Campingplatz und ein Stellplatz. Hier steht man mitten in der Natur zwischen Bergen und See, außerdem etwas abseits vom nächsten Ort. Vom Wohnmobil sind es jeweils nur wenige Schritte ans Wasser. Die Liegewiesen am Grüntensee sind selbst im Hochsommer selten richtig voll. So findet jeder ein gemütliches Plätzchen und man kann bei gutem Wetter auch einfach zwei Tage nur am See verbringen. Wem zwischendurch nach etwas Bewegung ist, der umrundet den See einmal. Die guten acht Kilometer Weg nehmen um die zwei Stunden Laufzeit in Anspruch. Die Strecke führt auf schönen Wegen teilweise direkt am Wasser entlang und man hat oft einen herrlichen Blick auf den Grünten. Der Berg wird auch als »Wächter des Allgäus« bezeichnet und ist der Namensgeber des Sees.

PETRI HEIL! Auch Angler sind hier richtig: Am Campingplatz steht die Hütte des örtlichen Fischereivereins, in der es Angelkarten zu kaufen (nur mit Fischereischein) sowie Ruderboote zu leihen gibt. Mit etwas Glück oder Können landet zum Abendessen eine Forelle oder ein Zander auf dem Tisch. Grüntenseestraße 43, 87497 Wertach, Tel. 08365/444, in der Fangsaison Mai–Oktober Montag–Freitag ca. 7–10 Uhr und 11–18 Uhr, Samstag und Sonntag 7–18 Uhr

GROSSE GRÜNTEN-TOUR

Wer wissen möchte, welchen Blick der »Wächter des Allgäus« über die Region hat, unternimmt eine Wanderung auf seinen Gipfel (1783 m). Ganz oben auf dem Grünten thront das Jägerdenkmal, das 1924 zur Erinnerung an die Toten des ersten Gebirgsjägerregiments der deutschen Geschichte erbaut wurde. Ein Weg führt vom Parkplatz »Großer Wald« hinauf (N 47°35‘06“, E 10°22‘16“). Er liegt zwischen Wertach und Kranzegg

▲ Der Grüntensee von oben ◀ Mit das Schönste im Allgäu: durch die Landschaft laufen ▶ Im Kletterwald übers Allgäu fliegen

und ist sieben Kilometer von den Stellplätzen am Grüntensee entfernt. Der Wanderweg führt über die Alpen Metzeberg, Burgerschläg und Vordere Kölle und anschließend auf dem Rücken des Berges bis zur Grüntenhütte. Wer diese nicht schon zu seinem Ziel erklärt, wandert geradeaus und erklimmt noch den Gipfel. Die letzten Meter erfordern allerdings Schwindelfreiheit und Trittsicherheit. Es geht über Felsen und man muss auch mal die Hände benutzen. Generell sollte es einem auf dieser Tour nicht an Kondition mangeln, denn es sind rund 700 Höhenmeter zu überwinden. Für diesen Weg berechnet man gute fünf Stunden Laufzeit.

7

AKTIV AM GRÜNTENSEE

Zu einem Besuch im Kletterwald sollte man mindestens eine kleine Portion Mut mitbringen. Er liegt am östlichen Ufer des Sees und ist gute zwei Kilometer von den Stellplätzen entfernt. Hier sind zwischen den Bäumen mehrere Parcours aus Seilen und Holzelementen aufgebaut. Mit einem Gurt gesichert, überwinden Mutige hier allerlei herausfordernde Hindernisse in luftiger Höhe. Für besonders viel Spaß sorgen die Seilrutschen, die sogar allein einen ganzen Parcours bilden.
Wer sich lieber ein bisschen auf dem Wasser bewegen will, leiht sich hier ein Kanu oder SUP aus. Mit den Gefährten lassen sich alle Winkel des Sees erkunden und man kann ganz in Ruhe den Blick auf die Berge genießen.

Ein Parcours im Kletterwald führt direkt am See entlang.

7

SCHNELL DIE STIEFEL GESCHNÜRT und schon brechen Wanderer direkt von ihrem Wohnmobil zu einer lohnenden Tour auf die Reuterwanne auf. Der Einstieg in den Weg befindet sich direkt gegenüber der Einfahrt zum Campingplatz, dort, wo der Bach den Berg herunterkommt. Von hier geht es immer bergauf zur 1542 Meter hohen Reuterwanne. Es lohnt sich, eine Brotzeit mit hinaufzutragen, denn vom Gipfel hat man einen weiten Blick über die Alpen. Mit einem feinen Käsebrot lässt sich die Sicht gleich doppelt genießen. Für den Aufstieg sollte man gute zwei Stunden berechnen.

AUSFLUG AUF DIE ALPSPITZE

Vier Kilometer Richtung Osten vom Grüntensee liegt Nesselwang. Wer mit seinem Wohnmobil lieber dort steht, wo etwas mehr los ist und man einfach essen gehen kann, der wählt den Stellplatz im Ort. Er befindet sich direkt an der Talstation der Alpspitzbahn und ist somit der ideale Ausgangspunkt, um den Berg zu erkunden. Im Winter ist er im Allgäu bekannt für das tägliche Flutlicht-Skifahren in den Abendstunden und den Snowpark. Im Sommer besteigen Wanderer den 1575 Meter hohen Gipfel – mit oder ohne Unterstützung der Bahn.

Tipp

Zu Fuß braucht man rund zwei Stunden auf den Gipfel der Alpspitze. Zur Auswahl stehen der ausgebaute Fahrweg, der direkt bei der Talstation beginnt, und der schönere Wanderweg, der etwas östlich vom Parkplatz startet. Dieser führt über einen Wasserfall und die Ruine der Nesselburg nach oben. Von der Bergstation sind es noch 30 Minuten zu Fuß bis zum Gipfel. Für das kulinarische Wohl aller Wanderer sorgen zahlreiche Hütten am Berg.

Mit über 100 Stundenkilometern den Berg hinunter: Der schnellste Weg zurück Richtung Tal führt über eine Seilrutsche. Sie ist über einen Kilometer lang und sorgt bei ihren Mitfahrern bestimmt für einen kleineren oder größeren Adrenalinschub – nicht zuletzt, weil sie teilweise 60 Meter hoch über dem Boden verläuft. Die Seilrutsche verbindet die Bergstation

▲ Aussicht von der Reuterwanne nach dem ersten Schnee ◀ Brauereigeschichte in Nesselwang ▶ Verdient: auf dem Gipfel ein Bier genießen

mit der Mittelstation. Etwas weniger schnell, aber dennoch rasant ist eine Fahrt mit der Sommerrodelbahn. Durch viele Kurven und auch einen Tunnel führt sie im unteren Teil des Berges hinunter zur Talstation.

BIERKULTUR IN NESSELWANG

Bier ist von historischer Bedeutung für Nesselwang: Ehemals gab es hier fünf Brauereien. Noch heute kann man diese Kultur im kleinen Stil erleben. Der Brauerei-Gasthof Hotel Post mitten im Zentrum gegenüber der Kirche braut noch sein eigenes Bier. Unter dem Namen Brau Manufactur Allgäu stellt die Brauereifamilie traditionelles Bier wie Dunkles und Weizen, aber auch kreative Craftbiere her. Zum Thema werden freitags sowie samstags Besichtigungen angeboten. Natürlich gibt es dabei auch etwas zum Probieren.

Die Ruine Eisenberg wirkt bei untergehender Sonne besonders märchenhaft.

Auf dem Gelände der ehemaligen Bären-Brauerei wird in einem Ein-Mann-Betrieb Bier gebraut, wie es früher gemacht wurde – rein biologisch und ohne Zusatzstoffe. Es wird handwerklich hergestellt und auch von Hand abgefüllt. Samstagvormittags ist der Brauer in seinem Sudhaus im Hof hinter der Brauerei-Gaststätte Bären anzutreffen. Die Gaststätte hat allerdings nichts mit dem Bären-Bier zu tun, sie befindet sich nur auf demselben Gelände der ehemaligen Brauerei. Hier startet auch der Brauereiwanderweg von Nesselwang. Auf der kleinen Runde ist man dreieinhalb Kilometer unterwegs. Die große Runde führt mit guten neun Kilometern aus dem Dorf hinaus zu den Quellen, deren Wasser früher zum Brauen genutzt wurde.

BADEN GEHEN kann auch bei schlechtem Wetter, wer das Alpspitz-Bade-Center in Nesselwang besucht. Für Erholung sorgen die Saunen. Badeseeweg 11, 87484 Nesselwang, Tel. 08361/92 16 20, info@abc-nesselwang.de, Montag–Freitag 10–22 Uhr, Wochenende und Feiertage 9–22 Uhr

MITTELALTERLICHE RUINEN

Westlich des Ortes Eisenberg stehen direkt nebeneinander zwei Burgruinen: Hohenfreyberg und Eisenberg. Sie sind 15 Kilometer vom Grüntensee entfernt und eignen sich zum Beispiel an trüberen Tagen als Ausflugsziel, wenn Baden keine Option ist. Natürlich ist es hier auch bei Sonne schön. Dann hat man einen weiten Blick auf die Berge. Die nächsten Parkplätze (über schmalen Weg: N 47°36'33", E 10°35'20"; an der Straße: N 47°36'29", E10°35'02") befinden sich schon ein Stück den Hang hinauf, so ist es zu Fuß nicht mehr ganz so weit nach oben. Auch eine Radtour hierher mit anschließender Wanderung zu den Ruinen ist möglich. Die Burgen liegen beide auf einer Erhebung und so nah beieinander, dass man von Hohenfreyberg einen schönen Blick auf Eisenberg hat und andersherum. Burg Eisenberg wurde im 14. Jahrhundert erbaut. Im Jahr 1525 wurde sie während eines Krieges zerstört und wenig später noch von einem Blitz getroffen. Anschließend wurde sie wiederaufgebaut. Etwas mehr als 100 Jahre später, 1646, wurde sie niedergebrannt, damit die herannahenden Schweden sie nicht einnehmen und zu ihrem Vorteil nutzen konnten. Danach verfiel die Burg zur Ruine. Hohenfreyberg teilt einen Teil dieser Geschichte. Etwas später im 15. Jahrhundert errichtet, wurde auch diese Burg 1646 absichtlich in Brand gesteckt. Heute stehen die beiden aber immer noch ganz gut da: Hohe Mauern und Türme mit Zinnen versetzen die Besucher ins Mittelalter. Die verschiedenen Teile der Burgen kann man noch gut erkennen.

Am Grüntensee findet selbst im Hochsommer jeder ein Plätzchen.

AUF EINEN BLICK

Info

STADT/REGION: Grüntensee
BESTE REISEZEIT: ganzjährig
TOURISTINFO: Tourist-Information Wertach, Rathausstraße 3, 87497 Wertach, Tel. 08365/70 21 99, info@wertach.de, www.wertach.de; Tourist-Information Nesselwang, Hauptstraße 20, 87484 Nesselwang, Tel. 08361/92 30 40, info@nesselwang.de, www.nesselwang.de

AKTIV UNTERWEGS

KLETTERWALD GRÜNTENSEE: Am Kletterwald 1, 87466 Oy-Mittelberg/Haslach, Tel. 08323/96 80 50, info@tiefblick.de, www.kletterwald-gruentensee.de
ALPSPITZBAHN: Alpspitzweg 5, 87484 Nesselwang, Tel. 08361/12 70, info@alpspitzbahn.de, www.alpspitzbahn.de
BÄREN-BIER: Hauptstraße 3, 87484 Nesselwang, Tel. 0160/268 81 15
BRAUEREI-GASTHOF HOTEL POST: Hauptstraße 25, 87484 Nesselwang, Tel. 08361/309 10, info@hotel-post-nesselwang.de, www.hotel-post-nesselwang.de

CAMPINGPLATZ UND STELLPLATZ GRÜNTENSEE

ADRESSE: Grüntenseestraße 41, 87497 Wertach, Tel. 08365/375, info@camping-gruentensee.de, www.camping-gruentensee.de
ANFAHRT: Auf der A 7 Richtung Füssen, die Ausfahrt »Oy-Mittelberg« Richtung Wertach nehmen, bei Wertach Richtung Grüntensee/Buron-Skilift links abbiegen.
GPS: N 47°36‘35“, E 10°26‘52“
Der ganzjährig geöffnete Campingplatz liegt direkt am See zwischen vielen Bäumen. Frische Brötchen fürs Frühstück gibt es auf Vorbestellung, ein Restaurant befindet sich am Platz. Sollte es einmal kalt sein, sorgt eine Sauna für wohlige Wärme. Es werden Tretboote und SUPs verliehen. Zum Platz gehört auch ein günstigerer Stellplatz. Von Vorteil im Winter: die Buron-Lifte gleich gegenüber. Auch in die Langlaufloipen kann man direkt am Platz einsteigen.

Auf dem Campingplatz gibt es Parzellen gleich neben dem See.

STELLPLATZ AM BURON

ADRESSE: Grüntenseestraße 44, 87497 Wertach, Tel. 08365/70 35 36, info@maxl-gmbh.de, www.buron-skilifte.de/62-0-WoMo-Stellplatz.html

ANFAHRT: Auf der A 7 Richtung Füssen, die Ausfahrt »Oy-Mittelberg« Richtung Wertach nehmen, bei Wertach Richtung Grüntensee/ Buron-Skilift links abbiegen.

GPS: N 47°36‘38“, E 10°26‘59“

Der ebene Schotter-Stellplatz liegt auf dem Parkplatz der Buron-Lifte. Im Sommer wird hier ein Kinderpark mit vielen Spielgeräten betrieben. Während der Öffnungszeiten der Gaststätte können die Toiletten genutzt werden. Bezahlt wird am Automaten mit Münzen. Wer nicht genug Kleingeld dabeihat oder gleich für mehrere Nächte zahlen will, nutzt das Anmeldeformular mit weiteren Hinweisen am Automaten. Frischwasser und Entsorgungsmöglichkeiten vorhanden.

STELLPLATZ NESSELWANG

ADRESSE: An der Riese, 87484 Nesselwang, Tel. 08361/92 39 49, info@nesselwang.de

ANFAHRT: Auf der A 7 Richtung Füssen, die Ausfahrt »Oy-Mittelberg« nehmen, am ersten Kreisverkehr die dritte Ausfahrt nach Nesselwang, der Beschilderung Richtung Alpspitzbahn folgen.

GPS: N 47°37‘12“, E 10°29‘52“

Der Stellplatz befindet sich vor dem Parkplatz der Alpspitzbahn. In fünf Minuten ist man zu Fuß an der Hauptstraße. Der Grüntensee liegt fünf Kilometer entfernt und ist auch mit dem Fahrrad gut zu erreichen. Bezahlt wird am Automaten, in der Tourist-Information Nesselwang oder beim Platzwart, der täglich vorbeikommt. Stromanschlüsse, Frischwasser und Abwasserstation sind vorhanden.

SEEN SATT STATT MÄRCHENPRINZ

Füssen und Umgebung abseits der Königsschlösser

Vom Hopfensee aus sieht man den markanten Säuling.

Die kleine Stadt Füssen ist bekannt für die Schlösser Neuschwanstein und Hohenschwangau. Freilich sind diese einen Besuch wert - doch nicht das Richtige, wenn man auf der Suche nach Erholung ist. Dann genießt man ihren Anblick lieber aus der Ferne und verbringt seine Zeit stattdessen mit Wandern und Radfahren. Dabei kann man wunderbar die zahlreichen schönen Seen der Region erkunden.

Wer zu Besuch in der Region ist, sollte sich eine Runde durch die schmucke Altstadt von Füssen nicht entgehen lassen. Seine Pracht verdankt der Ort unter anderem Kaiser Maximilian I. (1459–1519) und dem Märchenkönig Ludwig II. (1845–1886). Beim Bummel durch die Gassen zeigen prächtige historische Gebäude, dass die Stadt schon vor Hunderten von Jahren wohlhabend war. Gut zu sehen ist aus vielen Perspektiven das Hohe Schloss, das auf einem Hügel mitten in der Altstadt thront. Es diente den Fürstbischöfen von Augsburg einst als Sommerresidenz. Hinter seinen spätgotischen Mauern, die sich im Innenhof mit einzigartiger Illusionsmalerei schmücken, befinden sich die Filialgalerie der Bayerischen Staatsgemäldesammlung und die Städtische Galerie. Hier zeigen die ausgestellten Bilder Darstellungen aus dem Mittelalter und dem 19. Jahrhundert.

FÜSSENS SCHÄTZE ENTDECKEN

Gleich neben dem Schloss steht das ehemalige Benediktinerkloster St. Mang. Heute beherbergt die barocke Anlage unter anderem das Stadtmuseum von Füssen, das historische Lauten und Geigen sowie Kostbarkeiten in einer Schatzkammer präsentiert. Auch einen Blick in den prunkvollen Kaisersaal sowie die Bibliothek dürfen Besucher werfen. Die Klosterkirche ist ebenfalls erhalten. Sie wird als Pfarrkirche von Füssen genutzt.

Im Gegensatz zu den Benediktinern sind die Franziskaner in ihrem Kloster gleich am Lech noch aktiv. Vom Franziskanerplatz vor dem Gebäude ist der Blick auf die Stadt mit den Bergen im Hintergrund besonders schön. Hat man die Hauptsehenswürdigkeiten besucht, sollte man sich einfach ein bisschen durch die Gassen der Innenstadt treiben lassen. Dabei gibt es

◀ Viele kleine Gassen machen den Rundgang interessant.

▶ Aber keine Angst: Die Orientierung verliert man nicht so schnell.

zahlreiche schöne Häuser zu bewundern. Sie sind geschmückt mit Giebeln, Malereien und Blumen. Viele von ihnen tragen einen bunten Anstrich und machen die Stadt so besonders farbenfroh.

DIE MARKTHALLE ist ein guter Tipp, wenn sich beim Stadtrundgang der Hunger meldet. Es lockt ein zünftiges Weißwurstfrühstück, eine vorzügliche Fischsuppe oder auch nur ein Kaffee. Schrannengasse 12, 87629 Füssen, Montag–Donnerstag 8–18.30 Uhr, Freitag 8–20 Uhr, Samstag 8–15 Uhr

SPANNENDER STREIFZUG DURCH DEN WALD

Im Grenzgebiet zu Österreich ist im Wald das Erlebniszentrum Ziegelwies eingerichtet. Mit den vielen Spielstationen ist es vor allem ein lohnendes Ausflugsziel für Familien mit Kindern. Hier können die Kleinen viel ausprobieren und so ein Verständnis für die Natur und ihre Bewohner entwickeln. Aber auch für Erwachsene lohnt sich der Besuch: Ein Baumkronenweg nimmt sie mit auf einen Spaziergang durch die Wipfel. Auf dem Holzweg, der rund 20 Meter über dem Boden entlangführt, hat man eine schöne Sicht auf den Flusslauf des Lechs sowie auf die Tiroler und die Bayerischen Berge. Am Boden können zwei fantasievoll gestaltete Erlebnispfade besucht werden. Mit dem, was unter der Erde und hinter den Felsen der Berge zu finden ist, beschäftigt sich ein geologischer Wanderweg. Er führt nach Pinswang in Tirol und man hat die Wahl zwischen einer 16 Kilometer langen Strecke und einer kürzeren Runde mit fünfeinhalb Kilometern. Der Baumkronenweg sowie die überdachten Ausstellungen sind an Öffnungszeiten gebunden.

BESONDERS SCHÖN ist die Wanderung zum wunderschönen Alatsee. Der Weg ist durchgehend gut markiert. Von Füssens Stadtzentrum geht es in Richtung Südwesten zunächst nach Bad Faulenbach. Bald danach kommt man am Mittersee und gleich anschließend am Obersee vorbei. An beiden gibt es ein Freibad zum Abkühlen im Sommer. Nun geht es immer weiter geradeaus, bis man den Alatsee erblickt. An seinem Ufer können Wanderer einmal ringsherum gehen. Liebevoll gestaltete Schaukästen veranschaulichen entlang des Weges Interessantes über die heimischen Vögel. Da die Wege gut ausgebaut sind, lässt sich die Runde auch gut mit dem Fahrrad machen.

ZUR PARTIE MINIGOLF lädt ein schöner Platz am Ortsrand von Bad Faulenbach ein. Das lässt sich gut mit der Wanderung zum Alatsee verbinden. Alatseestraße 39, 87629 Füssen, Tel. 0176/10 03 76 46, info@minigolfanlage-bad-faulenbach.de, Ostern–Oktober bei gutem Wetter ab 13 Uhr

ROYALE BADEANSTALT

In der Königlichen Kristall-Therme in Schwangau lassen sich Gäste wie Adelige verwöhnen. Man kann in Gebirgswasser baden und sich in einem Solebecken vom Wasser tragen lassen. Wer richtig schwitzen will, sucht sich eine der vielen Saunen aus. Durch ein Panoramafenster bietet eine davon einen schönen Ausblick auf Schloss Neuschwanstein und die Berge. In der ganzen Therme glänzen Edelsteine um die Wette, die das königliche Thema aufgreifen. Ein Raum ist komplett mit ihnen dekoriert. Hier genießt man die beruhigende Stimmung, die das Spiel des Lichts auf den Steinen heraufbeschwört. Nach der Lehre von Hildegard von Bingen wird mit Edelsteinen sogar das Wasser aufbereitet.

SEENUMRUNDUNG ZUR ENTSCHLEUNIGUNG

Der herrliche Ausblick auf die Schlösser Neuschwanstein und Hohenschwangau begleitet alle, die rund um den Schwansee und den Alpsee wandern. Die Route startet am Parkplatz am Schwansee, der vom Stellplatz und vom Campingplatz in Brunnen jeweils gute fünf Kilometer entfernt ist – eine Strecke, die sich auch gut mit dem Fahrrad überwinden lässt. Am Ufer läuft man zunächst rechtsherum um den Schwansee, um dann an dessen Südspitze über einen Hang zum Alpsee aufzusteigen. Oben wartet ein wunderschöner Pfad, der hoch über dem Wasser an steilen Klippen entlangführt. Auch dieser See wird rechtsherum umwandert, sodass man zum Ende hin den herrschaftlichen Schlössern immer näher kommt. Man schließt die Runde und gelangt dann wie auf dem Hinweg zurück zum Schwansee, wo man auch noch das bisher unbekannte Ostufer begeht. So kommt man am Ende schließlich wieder am Ausgangspunkt an. Mit Pausen und Brotzeit sollte man für diese Tour ruhig einen ganzen Tag einplanen. Der Höhenunterschied hält sich mit 350 Metern in Grenzen, die Strecke schlägt aber mit zwölf Kilometern zu Buche.

SOWOHL IM SCHWANSEE als auch im Alatsee kann man gut baden. An letzterem gibt es am Südufer eine Badestelle. Im Osten des Sees befindet sich ein Verleih für Ruder- und Tretboote.

Tipp

Wer die Schlösser Neuschwanstein oder Hohenschwangau besuchen möchte, kann sein Ticket für einen bestimmten Tag zu einer festgelegten Zeit im Internet unter www.neuschwanstein.de und www.hohenschwangau.de reservieren. Die Eintrittskarte muss spätestens 90 Minuten vor der gebuchten Zeit im Ticket Center in Hohenschwangau abgeholt werden. Reservieren ist vor allem in den Sommermonaten und zu Ferienzeiten sinnvoll.

AUSFLUG AUF DEN TEGELBERG

Die Aussicht vom Tegelberg (1720 m) kann man sich fast nicht entgehen lassen: Nach Nordwesten breitet sich das Allgäu aus, im Vordergrund der Forggensee als Hauptfigur. Noch beeindruckender ist der Blick nach Osten. Hier thront von Bäumen umgeben Schloss Neuschwanstein auf einer Anhöhe. Noch ein Stück weiter hinten ist Hohenschwangau zu entdecken. Im Hintergrund schimmert das Blau des Alpsees vor den Bergen, die sich mit ihren felsigen Gipfeln in die Höhe recken.

◀ Ins Tal sausen Groß und Klein mit der Sommerrodelbahn. ▲ Die Gondel schwebt auf den Tegelberg. ▼ Blick über den Forggensee nach Füssen

Wie so oft im Allgäu haben Besucher auch hier die Wahl zwischen einem Aufstieg zu Fuß und einer Fahrt mit der Gondel. Wer die 900 Höhenmeter laufend überwinden möchte, sollte rund zweieinhalb Stunden Gehzeit einplanen. Von der Talstation links führt der Schutzengelweg hinauf. Rechtsherum verläuft der Ahornreitweg. Beide sind als **Lehrpfade** eingerichtet. Tafeln am Wegesrand erzählen Spannendes über Kultur (Schutzengelweg) und Natur (Ahornreitweg).
Selbstverständlich kann man genauso gut mit der Bahn hinauffahren und über einen der beiden Wege absteigen. Auch an der Bergstation der Gondel gibt es mehrere Möglichkeiten: Eine leichte und kurze Wanderung ist die Königsrunde. Am Wegrand erfährt man auf dieser Route Interessantes über die royalen Bayern. Im unteren Bereich der Berges über der Talstation sorgt außerdem eine **Sommerrodelbahn** für lachende Gesichter. Zum Einstieg muss man nicht einmal hinauflaufen, sondern lässt sich bequem nach oben ziehen.

Viele Wege laden am Tegelberg zum Wandern ein.

Für viel Spannung sorgen auf dem Tegelberg drei **Klettersteige** in unterschiedlichen Schwierigkeitsgraden. Die Route »Gelbe Wand« (Schwierigkeitsstufe A) ist als Lehrpfad für Anfänger eingerichtet. Für Fortgeschrittene eignet sich der Tegelbergsteig (C). Besonders anspruchsvoll ist der Fingersteig (D). Für alle Klettersteige ist eine komplette Sicherheitsausrüstung nötig. Geführte Touren mit Material bietet das Bergsportzentrum an, Informationen und Buchung unter www.bergsportzentrum.tegelbergbahn.de.

FÜR DEN BESONDEREN BLICK auf Schloss Neuschwanstein aus luftiger Höhe buchen Mutige einen Tandemflug bei der Flugschule aktiv. Ein bisschen mulmig kann einem dabei schon erst mal werden – vor allem, wenn man den Berg hinunter anlaufen muss. Danach kann man sich aber einfach zurücklehnen und genießen. Alle, die sich selbst nicht trauen, genießen das Fliegerflair vom Landeplatz aus. Mit einem Bier in der Hand im Liegestuhl kann man hier den Gleitschirmfliegern beim Landen zusehen. Büro im Gebäude an der Talstation: Tegelbergstraße 33, 87645 Schwangau, Tel. 08362/817 91, info@flugschule-aktiv.de, www.flugschule-aktiv.de

8

MALERISCHER HOPFENSEE, IDYLLE AM FORGGENSEE

Ein schöner Ausflug führt zum Hopfensee. Vom Wohnmobilstellplatz ist er gut mit dem Rad zu erreichen, denn neben der Landstraße gibt es einen Rad- und Fußweg. Man hält sich in Richtung Nordwesten und nach einer knappen halben Stunde ist man schon da.

Der Rundweg um den See ist wunderschön. Über dem Wasser präsentieren sich malerische grüne Hügel vor der bläulichen Silhouette der Alpen. Deshalb sind bei schönem Wetter meist viele andere Radler und Fußgänger unterwegs. Zum Glück ist die Aussicht so schön, dass man es langsam angehen lassen kann.

Am Ostufer liegt der Ort Hopfen am See, wo es Liegeflächen am Wasser und mehrere Restaurants und Cafés gibt. Wer lieber ungestört baden oder picknicken möchte, findet rund um den See viele schöne Plätze direkt am Wasser. Man muss nur den Trampelpfaden folgen, die in Richtung Ufer führen. Das machen erstaunlich wenige.

Blick auf Schloss Neuschwanstein

Das kühle Wasser des Hopfensees lädt im Sommer zu einer Abkühlung ein.

Der größere **Forggensee** ist ebenfalls ein beliebtes Ausflugsziel, zwischen November und Mai jedoch fast leer. Nur noch der Fluss, der im Sommer aufgestaut wird, fließt dann hindurch. Der Anblick des trockenen Seegrunds hat seinen ganz eigenen Charme. Wer sich das aus der Nähe ansehen möchte, sollte jedoch vorsichtig sein: nicht zu nah ans Lechufer herangehen und aufpassen, dass der Boden fest ist und man nicht einsinken kann!

SCHIFF AHOI! Bei einer Rundfahrt auf dem Forggensee kann man prima die Seele baumeln lassen. Die kleine Runde geht durch den südlichen Teil des Sees und dauert rund eine Stunde. Wer lieber zwei Stunden zu Wasser verbringen möchte, entscheidet sich für die große Runde durch den ganzen See bis nach Roßhaupten am nördlichen Ende. Am Ufer gibt es mehrere Anlegestellen. Die in Füssen befindet sich in der Weidacherstraße 74, 87629 Füssen. Tel. 08362/92 13 63, Fahrpläne unter www.forggensee-schifffahrt.de

AUF EINEN BLICK

Info

STADT/REGION: Füssen
BESTE REISEZEIT: ganzjährig
TOURISTINFO:
Tourist-Information Füssen,
Kaiser-Maximilian-Platz 1, 87629 Füssen,
Tel. 08362/938 50,
tourismus@fuessen.de, www.fuessen.de

AKTIV UNTERWEGS

GALERIEN IM HOHEN SCHLOSS: Magnusplatz 10, 87629 Füssen, Tel. 08362/90 31 46, kultur@fuessen.de, www.stadt-fuessen.de/galerien.html

MUSEUM DER STADT FÜSSEN: Lechhalde 3, 87629 Füssen, Tel. 08362/90 31 46, kultur@fuessen.de, www.museum.fuessen.de

WALDERLEBNISZENTRUM ZIEGELWIES: Tiroler Straße 10, 87629 Füssen, Tel. 08341/90 02 21 50, info@walderlebniszentrum.eu, www.walderlebniszentrum.eu

KRISTALL-THERME: Am Ehberg 16, 87645 Schwangau, Tel. 08362/92 69 40, info@kristalltherme-schwangau.de, www.kristalltherme-schwangau.de

FREIBAD AM MITTERSEE: Alatseestraße 21, 87629 Füssen/ Bad Faulenbach, Tel. 08362/77 77

FREIBAD AM OBERSEE: Alatseestraße 25, 87629 Füssen/ Bad Faulenbach, Tel. 08362/911 88 68, info@my-obersee.de, www.my-obersee.de

TEGELBERGBAHN: Tegelbergstraße 33, 87645 Schwangau, Tel. 08362/983 60, info@tegelbergbahn.de, www.tegelbergbahn.de

◀ Im Sommer schmücken Seerosen ... ▶ ... die Oberfläche des Alatsees.

CAMPING BRUNNEN

ADRESSE: Seestraße 81, 87645 Schwangau/Brunnen, Tel. 08362/82 73, info@camping-brunnen.de, www.camping-brunnen.de

ANFAHRT: Von der A 7 nach Füssen abfahren und zunächst der Beschilderung zu den Königsschlössern folgen, dann weiter nach Schwangau und am Ortsende links Richtung Brunnen abbiegen.

GPS: N 47°35'48", E 10°44'19"

Der Campingplatz liegt nordöstlich von Füssen direkt am Forggensee. Er eignet sich gut als Ausgangspunkt für Ausflüge in die Stadt, zum Tegelberg und den vorgeschlagenen Wanderungen. Mit dem Auto braucht man rund zehn Minuten in die Stadt. Auch mit dem Fahrrad sind es nur rund 15 Minuten und man kann schön am Seeufer entlangfahren. Außerdem entgeht man beim Radeln den häufigen Staus vom Ortsrand in die Innenstadt. Der Forggensee ist von Juni bis Oktober mit Wasser gefüllt. Eine Anlegestelle der Rundfahrt auf dem Forggensee ist nur 500 Meter entfernt. Kinder vergnügen sich auf dem Abenteuerspielplatz. Der Platz hat das ganze Jahr geöffnet. Bei Schnee lockt die Landschaft Wintersportler zum Skifahren, Wandern und Langlaufen.

Nur wenige Meter sind es vom Campingplatz zum Seeufer.

Camper's Stop: Hier hat man mehr Platz als auf anderen Stellplätzen.

WAHRLICH ENTSPANNEND: Der Campingplatz bietet einen Wellnessbereich mit drei Saunen, einem Whirlpool und einem einladenden Ruheraum an. Genau das Richtige, falls das Wetter einem einmal nicht zusagt.

WOHNMOBILPLATZ CAMPER'S STOP

ADRESSE: Abt-Hafner-Straße 9, 87629 Füssen, Tel. 08362/94 01 04, info@wohnmobilplatz.de, www.wohnmobilplatz-fuessen.de
ANFAHRT: Von der A 7 nach Füssen abfahren, am Forggensee rechts nach Füssen und am Kreisverkehr gleich wieder rechts der Beschilderung folgen.
GPS: N 47°34‘56“, E 10°42‘03“
Im Gewerbegebiet im Norden von Füssen gibt es neben einer Reihe von Supermärkten gleich drei Stellplätze nebeneinander. Der letzte in der Reihe ist der Camper's Stop. Hier gibt es neben dem Automaten zum Bezahlen auch einen persönlichen Ansprechpartner. Im Restaurant am Platz wird bayerische Küche serviert. Die Stellplätze sind großzügig bemessen und breit genug zum Aufstellen der Markise. Sanitäranlagen, Stromanschlüsse sowie Entsorgungsmöglichkeiten sind vorhanden. Ins Zentrum sind es zwei Kilometer. Auch vom Stellplatz kann man gut die Stadt besuchen und Wanderungen unternehmen. Außerdem ist er der richtige Ort für Ausflüge zu den Burgruinen bei Eisenberg und zum Hopfensee. Angenehm ist es, wenn man für die guten zwei Kilometer in die Innenstadt ein Fahrrad dabeihat.

ZWISCHEN TÜRMEN UND GEMÄUERN

Historisches Kaufbeuren und seine Umgebung

Bei diesem Blick auf die Stadt sind vier Türme auf einmal zu sehen.

9

In der schnuckeligen Altstadt von Kaufbeuren können Besucher gut einen ganzen Tag mit Bummeln und Besichtigen verbringen. Das mittelalterliche Antlitz des Ortskerns wird von Türmen und Kirchen bestimmt. Im lieblichen Umland entdecken Wanderer und Radfahrer eine Burg und ein Kloster.

Manch einer kennt Kaufbeuren wegen des Tänzelfestes, das jedes Jahr im Juli über mehrere Tage gefeiert wird. Dann spielen die Kinder der Stadt die Geschichte von Kaufbeuren nach. Der Höhepunkt ist ein Festzug, der einen Besuch Kaiser Maximilians I. darstellt. Rundherum herrscht buntes Markttreiben im mittelalterlichen Stil.

Kaufbeuren ist schon ganz schön alt. Um das Jahr 740 von den Franken gegründet, wurde es 1112 das erste Mal in einer Urkunde erwähnt. Im späten Mittelalter erreichte die Stadt einen Wohlstand, der es erlaubte, prachtvolle Gebäude zu bauen. Kaiser Maximilian I. (1459–1519) war nach seiner Krönung mehrmals zu Besuch in Kaufbeuren. An ihn erinnert die Kaiser-Max-Straße, eine der Hauptstraßen der Altstadt, die sich gut zu Fuß erkunden lässt.

KLEINER BUMMEL DURCH DIE ZEIT

Am besten, man schaut zuerst in der Touristinfo vorbei und lässt sich dort eine Karte geben. Das Informationsbüro befindet sich gleich neben dem hübschen **Rathaus** der Stadt, das aus dem 19. Jahrhundert stammt. Ebenfalls in der Kaiser-Max-Straße befindet sich die **Dreifaltigkeitskirche**, deren Innenraum sich im Stil des Spätbarocks präsentiert. Besonders gut erhalten ist ein Stück der **Stadtmauer**, die um 1200 errichtet wurde. An ihrem südlichen Ende ragt der **Fünfknopfturm** – das Wahrzeichen der Stadt – in die Höhe. Der 33 Meter hohe Turm stammt aus der Zeit um 1420. Seinen Namen hat er von den fünf Spitzen, die seine Dächer schmücken.

Tipp

Ein überdachter Wehrgang mit hölzernem Geländer führt am oberen Teil der Stadtmauer entlang. Dieser Teil der mittelalterlichen Befestigung ist begehbar. Interessierte können sich in der Touristinfo den Schlüssel für die Treppe nach oben holen.

9

Am anderen Ende der Stadtmauer steht die spätgotische **St.-Blasius-Kirche**. Ihr Turm, der nicht ganz zu ihrem sonstigen Erscheinungsbild passen möchte, ist ein Wehrturm. Darin befindet sich ein Durchgang der Stadtmauer. Wer sich einen Moment setzen möchte, besucht am besten den **Klosterberggarten**. Er ist auf mehreren Ebenen an dem Hang angelegt, der zur Stadtmauer hinaufführt. Deshalb bietet er eine schöne Sicht auf die Stadt.

Direkt gegenüber liegt das **Crescentiakloster**, in dem eine Ordensgemeinschaft der Franziskanerinnen lebt. Das Kloster ist nach der heiligen Crescentia benannt, die hier im 18. Jahrhundert Oberin war. Ebenfalls sehenswert ist die **St.-Martins-Kirche**, die wie so viele andere Kirchen mehrere Umbauten gesehen hat. Man ging stilistisch eben mit der Zeit. Die Kirche wurde einst als romanische Basilika erbaut. Im ausgehenden Mittelalter hielt dann die Spätgotik Einzug. Im Jahr 1700 wurde sie im barocken Stil umgestaltet, um schließlich 1893 ein neugotisches Aussehen zu bekommen.

Wer nach dem Rundgang noch mehr von der Geschichte Kaufbeurens wissen möchte, besucht das **Stadtmuseum**. Mit kulturhistorischen Themen setzt sich die **Kunsthalle** auseinander. Sie zeigt außerdem Ausstellungen mit Kunstwerken aus dem 19. und 20. Jahrhundert sowie Zeitgenössisches.

◀ Brunnen in der Kaiser-Max-Straße ▶ Das Zollhäuschen in der Schmiedgasse

IM JAHR 1804 begann die »Dramatische Liebhabergesellschaft«, ein Gebäude in Kaufbeuren zum Theater umzubauen, nachdem die vorher genutzte Spielstätte der Stadt abgerissen worden war. Obwohl das Haus von außen recht modern aussieht, hat der Spielsaal seinen historischen Charme behalten. Noch heute werden die Stücke hinter dem besonderen Bühnenvorhang, der ebenfalls aus dem beginnenden 19. Jahrhundert stammt, aufgeführt. Vorstellungen unter www.theaterlandschaften.info/kalender, Rosenthal 8, 87600 Kaufbeuren, Tel. 08341/43 75 98

BURG MIT AUSSICHT

Von den Allgäuer Alpen über das Wettersteingebirge bis zum Karwendel: Eine sagenhafte Aussicht hat man vom stattlichen Bergfried der Burg Kemnat. Er wird häufig auch als Römerturm bezeichnet, hat aber nichts mit der Römerzeit zu tun. Die Burg, die hier einst stand, wurde 1185 erbaut. Sie liegt östlich von Kaufbeuren im Ort Großkemnat. Heute ist noch der Bergfried übrig, der tagsüber bestiegen werden kann. Außerdem stehen noch das Amtshaus sowie der Brunnen. Von oben hat man eine herrliche Rundumsicht. Vom Stellplatz in Kaufbeuren braucht man rund eine Stunde zu Fuß zum Turm.

WER NICHT ALLEIN zur Burg Kemnat gehen möchte, kann ein Lama mitnehmen. Westlich von Kaufbeuren befindet sich eine Lama-Zucht, die Wanderungen mit den kuscheligen Tieren anbietet. Alte Steige 34, 87600 Kaufbeuren, Tel. 08341/733 18, egen@pichincha-llamas.de, www.pichincha-llamas.de

AUSFLUG NACH IRSEE

Vom Stellplatz fünf Kilometer entfernt Richtung Nordwesten liegt der kleine Ort Irsee. Er ist bekannt für seine imposante Klosteranlage, die heute das Schwäbische Tagungs- und Bildungszentrum beherbergt. Tagsüber öffnet die Kirche St. Peter und Paul ihre Pforten für Besucher. Nachdem an diesem Ort bereits ab dem 12. Jahrhundert Gotteshäuser in unterschiedlichen Ausführungen standen, wurde das heutige barocke Gebäude um das Jahr 1700 errichtet. Wie es sich für diesen Stil gehört, ist

Am Oggenrieder Weiher geht es gemütlich zu.

der Innenraum reich geschmückt. Raffinierter Stuck dekoriert die Säulen und umrahmt die detailreichen Deckengemälde. Besonders sehenswert sind auch die Altäre und das Kirchengestühl. An jeder Bankreihe gibt es unterschiedliche Motive zu entdecken.

Auf Anfrage werden Führungen durch die Kirche angeboten. Interessierte melden sich telefonisch unter 08341/28 80 im Pfarrbüro an. Es ist dienstags zwischen 8 und 11 Uhr sowie zwischen 17 und 19 Uhr besetzt.

IM IRSEER KLOSTERBRÄU bekommt man deftige Schmankerl zum hausgebrauten Bier, das nach althergebrachter Tradition produziert wird. Und das ist noch nicht alles: Im Museum kann man sich außerdem ansehen, wie gebraut wird. Es werden Führungen mit Bierprobe angeboten. Klosterring 1–3, 87660 Irsee, Tel. 08341/43 22 00, ikb@irsee.com, Gasthof: 10–23 Uhr (Küche 11.30–21.30 Uhr), Museum 9–19 Uhr

An warmen Sommertagen sollte man sich einen Sprung ins kühle Wasser des **Oggenrieder Weihers** nicht entgehen lassen. Der See liegt direkt am nordwestlichen Ortsrand von Irsee und ist vom Kloster schnell zu erreichen. An alle, die jetzt denken, dass ihnen das irgendwie bekannt vorkommt: Im Sommer 2013 wurde der Oggenrieder Weiher bei Irsee durch die Medien bekannt, weil hier nach einer Schnappschildkröte gesucht wurde. Das Tier, das auf den Namen Lotti getauft wurde, war eine mögliche Erklärung für die mysteriöse Verletzung eines jungen Badenden. Darüber muss sich heute aber keiner mehr Sorgen machen. Es wurden nie Beweise für die Existenz von Lotti gefunden und im See kann seit Jahren wieder sicher gebadet werden.

9

DIE KLOSTERRUNDE verbindet einige der schon vorgeschlagenen Ziele sehr schön zu einer großen Radtour. Die Route führt zunächst am Bahnhof von Kaufbeuren vorbei in Richtung des Flusses Wertach. Dem Ufer folgt man anschließend nach Süden zum Bärensee. Weiter geht es über Biessenhofen und Apfeltrang schließlich gen Norden nach Friesenried, Eggenthal und Baisweil. Gegen Ende der Tour kommt man am Oggenrieder Weiher und am Kloster von Irsee vorbei. Über Kleinkemnat führt die Runde dann wieder nach Kaufbeuren zurück. Auch ein Abstecher zur Burg Kemnat ist möglich. Dafür folgt man in Kleinkemnat der Beschilderung nach Großkemnat. Insgesamt überwinden Radler auf der Runde knappe 500 Höhenmeter auf rund 50 Kilometern. Mit Besichtigungen und Pausen wird die Tour zum Tagesausflug.

◀ Ausblick von der Burg Kemnat

▶ Die Klosterkirche birgt in ihrem Inneren detailreiches Dekor.

AUF EINEN BLICK

Info

STADT/REGION: Kaufbeuren
BESTE REISEZEIT: ganzjährig
TOURISTINFO:
Tourist-Information Kaufbeuren, Kaiser-Max-Straße 3 a, 87600 Kaufbeuren, Tel. 08341/43 71 90, tourist-info@kaufbeuren.de, www.kaufbeuren-tourismus.de

AKTIV UNTERWEGS

FÜNFKNOPFTURM: An der Stadtmauer, 87600 Kaufbeuren, Tel. 08341/966 66 89, eingang@fuenfknopfturm.de, www.fuenfknopfturm.de
DREIFALTIGKEITSKIRCHE: Kaiser-Max-Straße 21, 87600 Kaufbeuren, 08341/951 80, pfarramt.kaufbeuren@elkb.de, www.dreifaltigkeitskirche-kaufbeuren.de
ST.-BLASIUS-KIRCHE: Blasiusberg 11, 87600 Kaufbeuren, Tel. 08341/95 23 11, http://www.blasiuskirche.de
KLOSTERBERGGARTEN: Crescentiaplatz 13, 87600 Kaufbeuren, Tel. 08341/90 70, info@crescentiakloster.de, www.crescentiakloster.de/AngeboteCrescentiakloster/Klosterberggarten/index.html
ST.-MARTINS-KIRCHE: Kirchplatz 5, 87600 Kaufbeuren, Tel. 08341/95 23 11, pg.kaufbeuren@bistum-augsburg.de, www.kaufbeuren-katholisch.de

Hinter dem Wohnmobil ist die Kletterhalle zu sehen.

STADTMUSEUM: Kaisergäßchen 12–14, 87600 Kaufbeuren, Tel. 08341/966 83 90, stadtmuseum@kaufbeuren.de, www.stadtmuseum-kaufbeuren.de
KUNSTHAUS: Spitaltor 2, 87600 Kaufbeuren, Tel. 08341/86 44, mail@kunsthaus-kaufbeuren.de, www.kunsthaus-kaufbeuren.de
KLOSTERKIRCHE IRSEE: Klosterring 4, 87660 Irsee, Tel. 08341/28 80
BURG KEMNAT: Beim Römerturm 15, 87600 Kaufbeuren

STELLPLATZ KAUFBEUREN

ADRESSE: Buronstraße 99, 87600 Kaufbeuren, Tel. 08341/43 71 90, tourist-info@kaufbeuren.de
ANFAHRT: Von der A 96 bei Mindelheim abfahren und auf die B 16 Richtung Kaufbeuren fahren. Im Kreisverkehr vor dem Stadteingang die zweite Ausfahrt links zum Stellplatz gegenüber dem Kletterturm nehmen.
GPS: N 47°53‘56“, E 10°36‘59“
Im Norden Kaufbeurens gibt es einen kostenlosen Stellplatz für Wohnmobile. Er liegt direkt neben der Kletterhalle. Da er sich am Stadtrand befindet, hat man es auf der einen Seite schön grün. Maximal darf man hier drei Tage stehen. Für die acht großzügigen Stellplätze gibt es sechs Stromanschlüsse. Frischwasser und Entsorgungsanlage stehen bereit. In die zweieinhalb Kilometer entfernte Altstadt sind sowohl ein Fußgänger- als auch ein Radweg ausgeschildert.

WER SICH NACH einem Tag voll Kultur in Kaufbeurens Altstadt noch ein bisschen verausgaben möchte, geht einmal über die Straße und besucht die Kletterhalle. Hier kann man Seilklettern und Bouldern – also dürfen sich auch Neulinge ausprobieren. Danach können Sportler vor Ort gleich noch duschen. Dahinter ist ein Park angelegt, in dem man gemütliche Stunden an einer Grill- und Feuerstelle verbringen kann.

GOTIK, ROKOKO UND BAROCK

Das alte Memmingen und Ausflug ins Umland

Das Kloster ist ziemlich sicher das prächtigste Bauwerk von Ottobeuren.

10

Allein die mittelalterliche Altstadt von Memmingen ist schon eine Reise wert. Hier bummeln Besucher gemütlich zwischen imposanten Bauten und der Stadtmauer umher. Für einen Ausflug ins Grüne liegt der Buxheimer Weiher ganz in der Nähe. Nach Ottobeuren lockt ein prächtiges Barockkloster.

Von den Autobahnen A 7 und A 96 hat man es nicht weit zum Stellplatz im Norden von Memmingen. Er ist schön gelegen am Stadtpark, in dem sich so manch ruhige Stunde verbringen lässt. Er nennt sich Neue Welt und befindet sich auf dem ehemaligen Gelände der Landesgartenschau. Über die Parkwege gelangen Besucher entspannt zu Fuß in die Altstadt. In etwa zehn Minuten ist man vom Stellplatz an der Stadtmauer angelangt. Durch einen Torbogen betritt man Memmingens alten Kern. Zwei markierte Rundwege führen an den Sehenswürdigkeiten vorbei. Der »Rote Weg« führt zu den historischen Gebäuden und erzählt von der Stadtgeschichte. Auf dem »Grünen Weg« entdecken Besucher – wie der Name schon verrät – die grünen Seiten der Stadt sowie die Stadtmauer mit ihren Türmen und Toren.

EINE WAKEBOARD-ANLAGE wird nicht weit vom Stellplatz und ebenfalls im Stadtpark Neue Welt von einem Verein betrieben. Ein Lift zieht Anfänger und Fortgeschrittene auf einem Brett übers Wasser. Es macht auch viel Spaß, den erfahrenen Sportlern bei ihren Tricks zuzusehen. Stadtpark Neue Welt, Tel. 0176/82 17 93 27, info@wakecity-memmingen.de, Mai–Oktober Samstag, Sonntag und an Feiertagen 12–19 Uhr, Juni–September Freitag 17–19 Uhr, tagesaktuelle Öffnungszeiten unter www.wakecity-memmingen.de

KULTLOKAL neben der A 96: Bei der Anfahrt oder auf dem Heimweg bietet sich ein Besuch in Ella's Hexakuch an. Hier gibt es gutes, günstiges Essen zwischen extravaganten Dekorationen. Das hat schon den Toten Hosen geschmeckt. Memminger Straße 16, 87754 Oberkammlach, Tel. 08261/95 63, Mittwoch–Freitag und Sonntag 11–22.30 Uhr

◀ Vom Turm der Martinskirche hat man einen schönen Blick über Memmingen. ▶ Steuerhaus und Rathaus am Marktplatz

BEZAUBERNDES MEMMINGEN

Gut die Hälfte der ehemaligen Befestigung Memmingens ist noch erhalten. Die Tore sind nach den Städten benannt, in deren Richtung man Memmingen verlässt: **Kemptener, Ulmer** und **Lindauer Tor**. Nur das **Westertor** führte wohl nicht an einen bestimmten Ort, sondern einfach nur Richtung Westen. Innerhalb der Stadtmauer gibt es viele prächtige Zunft- und Patrizierhäuser zu entdecken.

Um den **Marktplatz** scharen sich mehrere historische Gebäude: Das **Rathaus** wurde 1589 erbaut, seine Fassade hat es von einem Umbau im 18. Jahrhundert. Das **Steuerhaus** präsentiert sich mit seinen Arkaden und Malereien, die es seit dem Anfang des 20. Jahrhunderts im Stil des Neurokoko kleiden. In dem rötlichen Haus mit den geschweiften Giebeln hatte die **Großzunft** ihren Sitz. In dieser eigenen Zunft schlossen sich 1347 die Patrizier der Stadt zusammen. Ein paar Straßen weiter zieht das **Siebendächerhaus** die Blicke auf sich. Was heute schön aussieht, war früher praktisch: Auf den Dächern des ehemaligen Gerberhauses ließ sich Leder gut trocknen. Mit Stuck und Fresken beeindruckt der **Kreuzherrnsaal**. Ehemals war dieser die Klosterkirche des Kreuzherrnklosters. Eine sehenswerte aktive Kirche ist **St. Martin**. Sie wurde im Mittelalter erbaut und ist mit vielen Kunstwerken aus der Gotik geschmückt.

Tipp

Von Mai bis Oktober werden um 15 Uhr Führungen auf den Turm der Martinskirche angeboten. Beim Aufstieg erfahren Besucher Interessantes und von oben hat man einen herrlichen Rundblick. Treffpunkt ist an der Treppe in der Zangmeisterstraße.

ETWAS AUSSERHALB der Altstadt, aber in Laufnähe lädt der Gasthof Lindenbad zu gutbürgerlichen Gerichten ein. Fleisch, Fisch und Käse dafür kommen aus der Region. Lindenbadstraße 18, 87700 Memmingen, Tel. 083311/32 78, info@gasthof-lindenbad.de, Dienstag ab 17 Uhr, Mittwoch–Samstag 10–14 Uhr und 17–22.30 Uhr, Sonntag 10–14 Uhr

Ebenfalls einen Besuch wert ist die Frauenkirche. Ihre Besonderheit sind die gut erhaltenen Fresken aus dem 15. Jahrhundert. Wer sich Zeit lässt und aufmerksam durch die Straßen geht, entdeckt noch viele andere historische Gebäude – so zum Beispiel in der Kalchstraße, die früher ein wichtiger Handelsort war. Vor allem der Handel mit Salz sorgte für Wohlstand in der Stadt. In der Salzstraße standen die Lagerhäuser dafür. Die einflussreichen Familien der Stadt wohnten in der Herrenstraße. Im ehemaligen königlich bayerischen Postamt ist die MEWO Kunsthalle untergebracht. Das Museum zeigt bis zu zehn verschiedene Ausstellungen pro Jahr.

Durch ein Tor in der Stadtmauer betritt man die Altstadt.

10

ÄLPLER-BURGER mit Bergkäse, Allgäuer Leckereien und wechselnde Tagesgerichte gibt's in Breckels Brasserie am Theater. Am Theaterplatz, 87700 Memmingen, Tel. 08331/961 40 46, info@breckels-brasserie.de, Dienstag–Samstag 11–15 Uhr und 17.30–24 Uhr, Sonntag 17.30–24 Uhr

AUSFLUG NACH BUXHEIM

Rund vier Kilometer westlich vom Stellplatz in Memmingen liegt der Ort Buxheim. Er ist bekannt für seine **Kartause**. Im dazugehörigen Museum werfen Besucher einen Blick ins Leben der Mönche des Kartäuserordens. Eine weitere Ausstellung erzählt von der Geschichte des Dorfes. Ebenso sehenswert sind die opulenten Meisterwerke des Barock, die das Gebäude schmücken. Besonders beeindruckend ist die Rokokodecke in der Annakapelle. Die Klosterkirche St. Maria beherbergt ein unglaublich detailliert geschnitztes Chorgestühl aus dem 17. Jahrhundert.

Südlich des Ortes liegt der **Buxheimer Weiher**, ein Naherholungsgebiet für die Memminger. Hier befindet sich auch der nächste Campingplatz. Besucher genießen die Natur am Ufer und an heißen Tagen sorgt der See für Abkühlung. In seiner ganzen Pracht erkundet man ihn übers Wasser. Ruder- und Tretboote sowie SUP-Boards kann man im Restaurant Seegarten leihen. Auch einen Minigolfplatz gibt es. Schön ist auch der **Erlebnispfad**, der am westlichen Ufer durch den Wald führt. Hier begegnen Spaziergänger hölzernen Zwergen und Geistern. Zwischen den Bäumen liegen noch drei weitere Weiher. Der mittlere und größte von ihnen ist auch zum Baden geeignet.

DAS SCHWÄBISCHE BAUERNHOFMUSEUM ist mit oder ohne Kinder einen tagfüllenden Ausflug wert. Hier gibt es authentisch eingerichtete Fachwerkhäuser, alte Haustierrassen und traditionelles Handwerk zu sehen. Auch ein Blick ins Veranstaltungsprogramm ist empfehlenswert. Museumstraße 8, 87758 Kronburg/Illerbeuren, Tel. 08394/14 55, info@bauernhofmuseum.de, März und Mitte Oktober–November 10–16 Uhr, April–Mitte Oktober 9–18 Uhr, Montag geschlossen (außer an Feiertagen)

▲ Im Buxheimer Wald verstecken sich drei Seen. ◀ Die Pfade führen durch dichten Wald ... ▶ ... zu hölzernen Zwergen und Naturgeistern.

BAROCKES KLOSTER IN OTTOBEUREN

Ein Ausflug ins zwölf Kilometer entfernte Ottobeuren lohnt sich. Der Ort ist für sein Kloster bekannt. Seine Basilika aus dem 18. Jahrhundert ist überwältigend. Ihr prächtiges Äußeres gibt nur einen kleinen Vorgeschmack auf das, was Besucher in Inneren erwartet. Opulente Gemälde, filigraner Stuck und imposante Altäre – da weiß man gar nicht, wo man zuerst hinsehen soll.

◀ Der Specht führt Wanderer auf einem Lehrpfad durch den Bannwald.
▶ Am Marktplatz in Ottobeuren treffen Besucher auf Einheimische.

Im Klostergebäude, in dem heute noch Benediktinermönche leben, befindet sich ein Museum. Sakrale Kunstwerke, aber auch historische Möbel und Alltagsgegenstände sind in beeindruckenden Räumen ausgestellt. Besonders sehenswert sind die Bibliothek sowie der Theater- und der Kaisersaal. Der Einlass ins Museum befindet sich im ersten Stock des Klostergebäudes. Das Kloster liegt direkt neben dem Marktplatz von Ottobeuren. Hier kann man in den Cafés und Restaurants eine Pause einlegen.
Nach dem Besuch des Klosters bietet sich der nahe gelegene **Bannwald** an, um an der frischen Luft spazieren zu gehen. Mehrere Wege werden am Wanderparkplatz auf Tafeln vorgeschlagen. Darunter ist auch ein Erlebnispfad, der Spaziergängern den Wald als Lebensraum näherbringt.

AM MARKTPLATZ befindet sich das Restaurant Hirsch, das zu einem Hotel gehört. Hier wird Bier aus der eigenen Brauerei ausgeschenkt. Dazu gibt es saisonale Gerichte. Ein besonderer Genuss ist der hausgemachte Bierlikör. Marktplatz 12, 87724 Ottobeuren, Tel. 08332/79 67 70, hotel@hirsch-ottobeuren.de, Öffnungszeiten unter www.hirsch-ottobeuren.de

WER MAG, FÄHRT mit dem Rad von Memmingen nach Ottobeuren oder macht gleich eine Rundtour daraus. Man verlässt Memmingen nach Süden. Bald darauf kommt man am Benninger Ried vorbei. Bereits hier könnte man eine Pause einlegen, um die heimischen Tiere und Pflanzen kennenzulernen. Anschließend führt die Runde über Hetzlinshofen und Albishofen nach Ottobeuren. Kurz zuvor passiert man noch den Bannwald. Ein möglicher Rückweg führt nach Norden, parallel zum Flusslauf der Westlichen Günz. Am Ortsrand von Westerheim wendet sich die Route Richtung Westen nach Memmingen.

Die Memminger Ach macht die Altstadt besonders.

AUF EINEN BLICK

Info

STADT/REGION: Memmingen
BESTE REISEZEIT: Mai–Oktober
TOURISTINFO:
Stadtinformation Memmingen,
Marktplatz 3, 87700 Memmingen,
Tel. 08331/85 01 72,
info@memmingen.de, www.memmingen.de

AKTIV UNTERWEGS

KREUZHERRNSAAL: Hallhof 5, 87700 Memmingen, Tel. 08331/85 01 31, kulturamt@memmingen.de, www.memmingen.de/kultur/museen-kunst/kreuzherrnsaal.html
MARTINSKIRCHE: Martin-Luther-Platz 8, 87700 Memmingen, Tel. 08331/85 69 20, pfarramt.stmartin.mm@elkb.de, www.stmartin-memmingen.de
FRAUENKIRCHE: Frauenkirchplatz 4, 87700 Memmingen, Tel. 08331/22 53, pfarramt@unserfrauen.de, www.unserfrauen.de
MEWO KUNSTHALLE: Bahnhofstraße 1, 87700 Memmingen, Tel. 08331/85 07 71, info@mewo-kunsthalle.de, www.mewo-kunsthalle.de
KARTAUSE BUXHEIM: An der Kartause, 87740 Buxheim, Tel. 08331/61 04, info@heimatdienst-buxheim.de, www.kartause-buxheim.de
KLOSTER OTTOBEUREN: Sebastian-Kneipp-Straße 1, 87724 Ottobeuren, Tel. 08332/79 80, poststelle@abtei-ottobeuren.de, www.abtei-ottobeuren.de

◀ Das Buxheimer Rathaus ▶ Memminger Wohnhaus an der Stadtmauer

Vor dem Wohnmobil kann man sich direkt in den Park setzen.

STELLPLATZ MEMMINGEN

ADRESSE: Colmarer Straße/Hemmerlestraße, 87700 Memmingen, Tel. 08331/850-172 und -173, info@memmingen.de, www.memmingen.de/tourismus/unterkunft-anfahrt/wohnmobilstellplatz.html

ANFAHRT: Von der A 96 Ausfahrt »Memmingen Ost« abfahren, bei zwei Kreisverkehren rechts die erste Ausfahrt auf den Schuhmacherring nehmen, links in die Schlachthofstraße und gleich wieder rechts.

GPS: N 47°59‘44“, E 10°10‘57“

Der Stellplatz liegt direkt am Park »Neue Welt«. Mitten im Grünen hat man also praktisch einen Garten vor der Wohnmobiltür. Der Platz bietet Entsorgungsmöglichkeiten, Frischwasser und Strom. Gezahlt wird am Automaten. Bleiben darf man höchstens zwei Nächte. Über einen ausgeschilderten Weg durch den Park in Richtung Süden erreicht man die Altstadt in 15 Minuten zu Fuß. Bei Fragen ist die Stadtinformation von Memmingen der richtige Ansprechpartner.

KUR FÜR KÖRPER UND GEIST

Entspannende Tage in Bad Wörishofen

Die Wege um Bad Wörishofen sind mit dem Rad meist gemütlich zu befahren.

11

Bad Wörishofen ist ein beliebter Kurort, in dem man nach Herzenslust entspannen kann. Hauptanlaufstelle ist dafür sicherlich die Therme, aber auch in der gemütlichen Innenstadt und dem weitläufigen Kurpark ist das Erholen einfach. Ganz in der Nähe gibt es in Mindelheim eine mittelalterliche Altstadt zu besichtigen.

Ein großes Thema in Bad Wörishofen ist Sebastian Kneipp, der im 19. Jahrhundert hier gelebt hat. Er hat Heilmethoden mit Wasser und Kräutern erforscht. Schon zu seinen Lebzeiten hat ihn seine Wasserkur bekannt gemacht. Viele Hilfe suchende Menschen kamen seinetwegen nach Bad Wörishofen. Schon Ende des 19. Jahrhunderts war die Anzahl der Gästebetten größer als die Anzahl der Bewohner.
Wer mehr über den Mann erfahren möchte, der hier als Beichtvater und anschließend als Pfarrherr tätig war, besucht das Kneipp-Museum. Hier gibt es Interessantes über sein Leben zu lernen und man kann einen Blick in sein Wohn- und sein Schlafzimmer werfen. Das Museum ist in einem Gebäudeteil des Klosters der Dominikanerinnen untergebracht. Es wurde im 18. Jahrhundert im barocken Stil erbaut.
Die Klosterkirche beeindruckt mit opulenten Altären und Stuckverzierungen. Sebastian Kneipp war hier als Beichtvater tätig. Mit der historischen Wandelhalle ist noch der frühere Mittelpunkt des Kurlebens erhalten. Sebastian Kneipp hielt hier Vorträge über seine Lehre mit den fünf Themen Wasser, Kräuter, Bewegung, Ernährung und innere Ausgeglichenheit.

SPAZIEREN AUF KNEIPPS SPUREN

Auch beim Bummel durch die Stadt begegnet man Kneipp: Die Fußgängerzone trägt seinen Namen. Passenderweise zieht sich ein Fluss durch die Straße, die mit bunten Blumen geschmückt ist. Hier gibt es eine öffentliche Wassertretanlage. Eine solche befindet sich natürlich auch im Kurpark. Er ist so groß, dass man stundenlang umherspazieren kann. Das wird auch garantiert nicht eintönig, da es viel zu entdecken gibt. Im Duftgarten verströmen Lavendel, Flieder und Salbei ihren Geruch und erfreuen auch das Auge. Und da begegnet man ihm schon wieder: Duftpflanzen und ihre Heilwirkung waren ein wichtiges Thema für Kneipp. Ebenso wie Heilkräuter, die man in einem weiteren Garten kennenlernen kann.

11

Durch einen großen Teil des Parks führt ein **Barfußweg**. Während die Schuhe am sicheren Ufer auf einen warten, balanciert man in einem Bach auf Steinen und spürt, wie einem das Wasser über die Füße läuft. An einer anderen Station erfühlt man mit der Sohle verschiedene Materialien wie Tannenzapfen. Im Schlammbecken darf man sich einmal absichtlich ein bisschen schmutzig machen.

Tipp

Im Kurhaus in der Kneipp-Straße ist nicht nur die Gäste-Information untergebracht. Im sich anschließenden Kurtheater und im Sommer auch im Musikpavillon finden Konzerte und andere Veranstaltungen vom Heimatabend über Kabarett bis zur Oper statt. Die Termine gibt es online unter www.bad-woerishofen.de/entspannen/veranstaltungen.

DIE MAGIE der bewegten Bilder erlebt man am besten in einem kleinen Kino, das ausgesuchte Filme jenseits von Blockbustern zeigt. Ein solches ist das Filmhaus in Bad Wörishofen, in dessen samtigen Sesseln man die Bandbreite des Kinos genießt. Bahnhofstraße 5 a, 86825 Bad Wörishofen, Tel. 08247/33 21 88, kino@filmhaus-huber.de, Programm unter www.filmhaus-huber.de

Ums Wassertreten kommen Besucher von Bad Wörishofen nicht herum.

Das Wasser zieht sich wie ein roter Faden durch die Stadt.

TROPISCHE AUSZEIT IN DER THERME

Die **Therme** in Bad Wörishofen lockt Besucher von nah und fern in ihr Heilwasser, das aus einer natürlichen Thermalquelle gefördert wird. In verschiedenen Becken – die teilweise noch mit Jod oder Sole versetzt werden – erholen sich Körper und Geist. Außerdem soll das Baden im Wasser gut für die Gesundheit sein. Für diese gibt es hier auch einen ganzen Parcours nach Pfarrer Kneipps Lehre, der den Kreislauf in Schwung bringt. Selbst wenn es draußen kalt und grau ist, ist es hier schön warm und echte Palmen sorgen für eine passende Atmosphäre. Auch im Saunabereich ist für Abwechslung gesorgt: Neben der klassischen finnischen Holzsauna kann man hier auch im römischen und maurischen Stil schwitzen. Im Backhäusle verströmt ein Ofen den Duft von frisch gebackenem Brot. Wenn es fertig ist, dürfen die Gäste sogar probieren. Wer mit Kindern kommt, hat im Familienbad seinen Spaß.

11

AUCH ABENTEUERLUSTIGE kommen beim Aufenthalt in Bad Wörishofen auf ihre Kosten: Ganz in der Nähe liegt der Skyline Park, der mit Achterbahn und anderen Attraktionen bestimmt für den Adrenalinschub sorgt. Skyline-Park-Straße 1, 86871 Rammingen, Tel. 08245/966 90, service@skylinepark.de, www.skylinepark.de

MITTELALTERLICHES MINDELHEIM

An der historisch bedeutenden Salzstraße zwischen München und Memmingen liegt Mindelheim. Der Ort wurde um das Jahr 1200 gegründet und noch heute lässt sich in der **Altstadt** ein Blick ins Mittelalter werfen. Der Ortskern ist klein genug, dass man ohne große Orientierung einfach herumschlendern kann. Man bleibt einfach dort, wo die Gebäude interessant aussehen. Besonders schön sind die bunt gestrichenen **Patrizierhäuser**. In der Fußgängerzone bummelt man zwischen Geschäften, Cafés und Restaurants hindurch. Einige der Läden im Erdgeschoss haben eine geschnitzte Holzfront. Die Altstadt wird durch eine teilweise erhaltene **Stadtmauer** begrenzt. Die ältesten Stücke stammen aus der zweiten Hälfte des 14. Jahrhunderts. Aus dieser Zeit stammt auch der älteste Torturm der Stadt: das **Untere Tor**. Sein Gegenstück, das **Obere Tor**, wird jedes Jahr zu Fasching als Narr verkleidet und ist so eine der Hauptfiguren des Festes. Im **Gefängisturm** wurden die zum Tode Verurteilten eingesperrt. Direkt neben dem Unteren Tor steht ein barockes Prachtstück: die **Jesuitenkirche Mariä Verkündigung**. Jedes Jahr wird sie zur Weihnachtszeit mit einer barocken Krippe geschmückt, deren Figuren lebensgroß sind. Die **Pfarrkirche St. Stephan** und das **Kloster Heilig Kreuz** sind über einen Gang verbunden. Die Kirche wurde als gotische Basilika noch im Mittelalter errichtet. Anfang des 18. Jahrhunderts wurde sie teilweise im barocken Stil neu gebaut. An die Kirche schließt das barocke Franziskanerinnenkloster an, in dem sich heute auch das **Heimatmuseum** der Stadt befindet. Das prächtige rote **Rathaus** war einst das Weberhaus. Seine Fassade im Stil der Neorenaissance erhielt das Gebäude nachträglich im 19. Jahrhundert. Nach dem Rundgang durch die Stadt steht noch ein Besuch der **Mindelburg** auf dem Programm. Die mittelalterliche Burg erhebt sich im Südwesten der Stadt auf einem Hügel. Der Hof ist frei zugänglich. Hier streift man

▲ Blick auf Mindelheim von Westen ◀ Blick zum Oberen Tor

▶ In Mindelheim gibt es viele hübsche Häuser zu entdecken.

zwischen Toren, Bastionen und Türmen durch die alten Gemäuer und hat einen schönen Blick auf die Stadt. Den Bergfried können Besucher von April bis Oktober besteigen und von oben die Aussicht genießen.

ÜBER DIE FELDER des Unterallgäus fahren Radler von Bad Wörishofen nach Mindelheim, um dort die Altstadt zu besuchen. Hinwärts passiert man Dorschhausen und Mindelau. Zurück geht es entweder auf demselben Weg oder über Apfeltrach, Dirlewang und Altensteig. Insgesamt sind das keine 30 Kilometer.

AUF EINEN BLICK

Info

STADT/REGION: Bad Wörishofen
BESTE REISEZEIT: ganzjährig
TOURISTINFO:
Gäste-Information im Kurhaus,
Hauptstraße 16, 86825 Bad Wörishofen,
Tel. 08247/99 33-55 oder -56,
info@bad-woerishofen.de, www.bad-woerishofen.de

AKTIV UNTERWEGS

THERME BAD WÖRISHOFEN: Thermenallee 1, 86825 Bad Wörishofen, Tel. 08247/39 93 00, info@therme-badwoerishofen.de, www.therme-badwoerishofen.de

KNEIPP-MUSEUM: Klosterhof 1, 86825 Bad Wörishofen, Tel. 08247/39 56 13, kneippmuseum@bad-woerishofen.de, www.kneippmuseum.de

KLOSTER DER DOMINIKANERINNEN: Klosterhof 1, 86825 Bad Wörishofen, Tel. 08247/30 40, info@dominikanerinnen.de, http://www.dominikanerinnen.de

OBERES UND UNTERES TOR: Maximilianstraße 1, 87719 Mindelheim, Infos über Mindelheim Tourismus, Tel. 08261/99 15 29, touristinfo@mindelheim.de

JESUITENKIRCHE MARIÄ VERKÜNDIGUNG: Maximilianstraße 62, 87719 Mindelheim, Infos über Mindelheim Tourismus

PFARRKIRCHE ST. STEPHAN: Pfarrstraße 1, 87719 Mindelheim, Infos über Mindelheim Tourismus, Tel. 08261/99 15 29, touristinfo@mindelheim.de

HEIMATMUSEUM IM KLOSTER HEILIG KREUZ: Hauberstraße 2, 87719 Mindelheim, Tel. 08261/909 76 90, kulturamt@mindelheim.de, www.mindelheimer-museen.de

KUR- UND VITALCAMPING BAD WÖRISHOFEN

ADRESSE: Walter-Schulz-Straße 4, 86825 Bad Wörishofen, Tel. 08247/997 37 35, info@kurcamping-bad-woerishofen.de, www.kurcamping-bad-woerishofen.de

Vom Wohnmobil direkt in die Therme

ANFAHRT: Von der A 96 Richtung Bad Wörishofen abfahren, am Kreisverkehr die erste Ausfahrt nehmen, dann die dritte Straße rechts bis zum Ende durchfahren.
GPS: N 48°01‘27“, E 10°35‘54“
Seinem Namen gemäß begrüßt beim Kur- und Vitalcamping den Gast ein Kneippbecken am Eingang. Der Platz liegt am nördlichen Ortsrand von Bad Wörishofen sehr ruhig direkt neben Feldern. Ein Brötchenservice sorgt für ein unkompliziertes Frühstück. Massagen und Kuranwendungen werden direkt am Platz angeboten. Die Therme ist nur eineinhalb Kilometer entfernt, in die Innenstadt sind es zweieinhalb Kilometer. Ermäßigte Karten für die Therme gibt es auf dem Campingplatz.

REISEMOBILPARK AN DER THERME

ADRESSE: Thermenallee 1, 86825 Bad Wörishofen,
Tel. 08247/39 93 02, info@therme-badwoerishofen.de,
www.therme-badwoerishofen.de/wohnmobile
ANFAHRT: Von der A 96 Richtung Bad Wörishofen abfahren, am Kreisverkehr die erste Ausfahrt nehmen, dann den nächsten Kreisverkehr geradeaus und anschließend rechts zur Therme fahren.
GPS: N 48°01‘17“, E 10°35‘28“
Der Stellplatz liegt direkt neben der Therme. So kann man sich nach dem Baden und Saunieren beliebig lang weiterentspannen. Anmeldung und Bezahlung erfolgen an der Saunakasse der Therme. Die Toiletten stehen den Wohnmobilgästen zu den Öffnungszeiten zur Verfügung. Auf Bestellung gibt es morgens in der Therme frische Brötchen. Eine Ver- und Entsorgungsstation sowie Stromanschlüsse stehen bereit. Es sind Wohnmobile bis zu einer Länge von acht Metern zugelassen.

MITTELALTER UND MALERISCHE NATUR

Zu Besuch in Isny, der Wiege des Wohnmobils

Blick auf die Altstadt von Isny

Isny lockt Besucher mit historischen Gebäuden und einer original erhaltenen Bibliothek aus dem Mittelalter in seine Altstadt. Ganz in der Nähe können Wanderer zu einer romantischen Burgruine aufsteigen. Und auch eine beeindruckende Schlucht ist nicht weit entfernt.

Die Geschichte des motorisierten Wohnens begann Anfang des 20. Jahrhunderts, nur ein paar Jahrzehnte nach der Erfindung des Automobils. In Isny erdachte und baute Arist Dethleffs 1931 ein »Wohnauto« und legte damit den Grundstein für die noch heute hier ansässige Firma Dethleffs. Reisende mit Wohnmobilen sind deshalb gern gesehene Gäste im Ort.

Tipp

Wer sich dafür interessiert, wie ein Wohnmobil eigentlich hergestellt wird, kann an einer Werksführung von Dethleffs teilnehmen. Dafür meldet man sich auf der Website der Firma an unter www.dethleffs.de/service/dethleffs-ausstellungszentrum/werksfuehrung.

ALTSTADTRUNDE

Ein Rundgang durch Isnys Altstadt ist für jeden Besucher ein Muss. Zur Sicherheit war die Stadt im Mittelalter von einer Mauer umschlossen. Von dieser ist noch mehr als die Hälfte erhalten. Sie ist aus massivem Stein gefertigt und hat einen hölzernen Wehrgang, der einst an der Innenseite komplett herumführte. Von der Verteidigungsanlage sind außerdem noch zwei Tore und fünf Türme übrig.

Das Wassertor im Nordosten der Stadt wurde 1337 erstmals erwähnt. Heute beherbergt es ein Museum, in dem es im Sommer während einer Führung ein Verlies und die Türmerwohnung zu sehen gibt. Im Sommer werden auch in der Städtischen Galerie im Turm Ausstellungen gezeigt. Sie ist im Espantor aus dem 13. Jahrhundert untergebracht.

Der älteste erhaltene Turm ist der Diebesturm, der 1402 erstmals erwähnt wurde. Er steht im Süden der Stadt. Vor dem Blaserturm kreuzten sich einst die Handelsstraßen. Deshalb wurde hier Wache gehalten und bei Problemen ein Signalhorn geblasen. Hafendeckelturm, Mühlturm und Speicherturm im Norden der Stadt stammen aus dem 16. Jahrhundert. Vom Reichtum

12

der Stadt erzählen die herrschaftlichen Patrizierhäuser. Der Handel mit Leinwänden brachte der Stadt im Mittelalter Wohlstand. Das Rathaus am Marktplatz besteht gleich aus drei ehemaligen Patrizierhäusern.

Tipp

500 Jahre Geschichte und eine geheime Treppe: Das gibt es im Isnyer Rathaus zu entdecken. Von Frühjahr bis Herbst wird jeden ersten Freitag im Monat um 19 Uhr eine Führung angeboten. Treffpunkt ist vor dem Gebäude. Wassertorstraße 1–3, 88316 Isny, Tel. 07562/98 40

Gleich neben dem Rathaus steht ein weiteres prächtiges Gebäude, in dem seit 1762 die Stadtapotheke untergebracht ist. Das Erdgeschoss ist von einem Kreuzgratgewölbe überspannt. Der sehenswerte Innenhof ist über die Espantorstraße zugänglich.
Am Kirchplatz stehen die evangelische Nikolaikirche und die katholische Kirche St. Georg und Jakobus. Die Nikolaikirche hat ihren Ursprung im 13. Jahrhundert. Aus dieser Zeit sind noch Rundbogenfenster im romanischen Stil erhalten. Über die Jahrhunderte kamen hier immer neue Schmuckstücke im jeweils aktuellen Stil hinzu: ein spätgotischer Chor aus dem 15. Jahrhundert, eine frühbarocke Kanzel, ein barocker Taufsteindeckel. Gleich nebenan verbirgt sich das Schloss hinter einem Gittertor. Nachdem an diesem Ort ein Benediktinerkloster abgebrannt war, wurde im 17. Jahrhundert das heutige barocke Gebäude gebaut – zunächst wieder als Kloster. Mit der Säkularisation ging es Anfang des 19. Jahrhunderts an ein Grafengeschlecht. Ab diesem Zeitpunkt wurde es als Schloss bezeichnet. Heute sind hier drei Museen ansässig. In der Kunsthalle im Schloss werden die fantasievollen Werke des Isnyer Künstlers Friedrich Hechelmann ausgestellt, der unter anderem für eine Schmuckausgabe des Michael-Ende-Klassikers *Momo* die Bilder malte. Die Städtische Galerie im Schloss zeigt wechselnde Ausstellungen von zeitgenössischer Kunst. Außerdem wird im Stadtmuseum die Geschichte von Isny erzählt.
Ebenfalls sehenswert ist das Rokoko-Refektorium, wo die Mönche ihre Mahlzeiten zu sich nahmen. Die Kirche St. Georg und Jakobus gehörte einst zum Kloster. Auch sie musste nach Bränden wiederaufgebaut werden. Nun präsentiert sich ihr Innenraum in opulentem Rokoko und Barock.

Das Espantor ist einer der Wege durch die Stadtmauer.

12

IN DER KÄSKÜCHE von Isny erfahren Interessierte, wie Käse hergestellt wird. Jeden Freitag um 10.30 Uhr (Juli und August auch am Dienstag) gibt es eine Führung durch die Produktion von Biokäse aus heimischer Milch. Maierhöfener Straße 78, 88316 Isny, Tel. 07562/91 27 00, fuehrungen@kaeskueche-isny.de, www.kaeskueche-isny.de

BESONDERE BIBLIOTHEK

Isny war im 16. Jahrhundert ein Zentrum der Reformation im Allgäu, die original erhaltene **Predigerbibliothek** in der Nikolaikirche zeugt davon. In den Regalen unter einem bemalten Kreuzrippengewölbe stehen Schriften von Martin Luther, Philipp Melanchthon und Ulrich Zwingli. Im 15. Jahrhundert waren die Isnyer Bürger sehr unzufrieden mit den Predigten, die sie nicht verstehen konnten, da sie in schlechtem Latein gehalten wurden. Deshalb wurde eine Prädikatur gestiftet und ein Arbeitsraum für den Prediger über der Sakristei eingerichtet. Hinein gelangt man über eine sehr schmale Treppe, die durch die zwei Meter dicke Kirchenmauer führt. Dass die Bibliothek so versteckt liegt, ist wohl ein Grund, warum alles so erhalten ist, wie es früher war.

◀ Die Bibliothek beeindruckt mit vielen alten Bänden. ▶ Das Tor zum Schloss

Blick auf Isny von Süden

Die Bibliothek kann nur im Rahmen einer Führung besucht werden, die von April bis Oktober angeboten wird – dann jeden Mittwoch und am ersten Samstag jeden Monats. Für Interessierte lohnt es sich auf jeden Fall, ihren Wochenendausflug nach diesen Terminen zu planen. Für die Teilnehmer werden empfindliche, jahrhundertealte Bücher und Handschriften aufgeschlagen. Außerdem erfahren sie Spannendes über die Geschichte der Bibliothek; zum Beispiel, dass jahrelang Hopfen verwendet wurde, um die Feuchtigkeit im Raum zu regulieren.

ZUR ALT-TRAUCHBURG kann man wandern, wenn man von Isny Richtung Südosten nach Kleinweiler fährt. An einem Parkplatz hinter dem Dorf beginnt der Fußweg zur Ruine, zu der auch eine lang ansteigende Fahrstraße führt. Schöner ist es natürlich, den Pfad durch den Wald am Ende des Parkplatzes einzuschlagen. Die einst prachtvolle Burg hat ihren Ursprung im Mittelalter. Ab dem 18. Jahrhundert verfiel sie, unter anderem, weil ihre Steine zum Bau von Schloss Neu-Trauchburg verwendet wurden. Heute ist dort ein Hotel untergebracht. Die Ruine ist aber noch relativ gut erhalten. Besucher können die meterhohen Gemäuer erkunden und die Aussicht auf die malerische Hügellandschaft genießen.

Die Ruine der Burg steht noch recht stattlich da.

Tipp

Wer die acht Kilometer von Isny nach Kleinweiler mit dem Fahrrad fahren möchte, um Alt-Trauchburg zu besichtigen, orientiert sich am Allgäu-Radweg. Mit strammen Wadeln oder elektrischer Unterstützung kommt man den ganzen Berg hoch bis zur Burg.

WEG DURCH DIE SCHLUCHT

Rund acht Kilometer südlich von Isny befindet sich an der Argentobelbrücke der Einstieg in den **Eistobel**, ein beliebtes Ausflugsziel im Allgäu. Ein Tobel bezeichnet in der regionalen Sprache eine Schlucht. Und durch diese führt ein Wanderweg. Hier bahnt sich die Obere Argen ihren Weg durch Wald und Felsen. Während der Fluss am Anfang noch relativ gemächlich dahinplätschert, wird es nach ein paar Minuten schon spannender. Bald sprudelt das Wasser über Steinstufen und stürzt in Wasserfällen hinunter. Es sammelt sich in kleinen und großen Becken, deren Ufer zum Pausieren und Picknicken einladen. Es lohnt sich, ganz genau hinzusehen. Die Steine sind mit Moosen und Flechten überzogen, daneben breiten sich vielblättrige Farne aus. Viele Pflanzen, die es feucht mögen, fühlen sich hier wohl. Dazwischen flattern schimmernde Libellen umher.

Zwei Stunden sollte man für die Wanderung mindestens einplanen. Auch im Winter ist der Tobel einen Besuch wert. Dann hängen riesige Eiszapfen von den Wänden. Zu dieser Jahreszeit ist es ratsam, Grödel oder Ähnliches dabeizuhaben, damit man nicht ausrutscht.

Im Eistobel kann man einen ganzen Tag verbringen.

AUF EINEN BLICK

Info

STADT/REGION: Isny
BESTE REISEZEIT: ganzjährig
TOURISTINFO:
Tourist-Information Isny,
Unterer Grabenweg 18, 88316 Isny,
Tel. 07562/9756 30,
info@isny-tourismus.de, www.isny.de

AKTIV UNTERWEGS

WASSERTOR-MUSEUM: Wassertorstraße 52, 88316 Isny, Tel. 07562/934 34, ute.seibold@museen-isny.de, www.isny.de/kultur-kunst/museen-geschichte/wassertor-museum
STÄDTISCHE GALERIE IM TURM: Espantorstraße 23, 88316 Isny im Allgäu, Tel. 07562/975 63 50, kultur@isny-tourismus.de, www.isny.de/kultur-kunst/kultur-erleben/kunst/espantor.html
STÄDTISCHE GALERIE IM SCHLOSS: Schloss 1, 88316 Isny, Tel. 07562/975 63 50, kultur@isny-tourismus.de, www.isny.de/kultur-kunst/kultur-erleben/kunst/staedtische-galerie-schloss.html
STADTMUSEUM: Schloss 1, 88316 Isny, Tel. 07562/934 34, ute.seibold@museen-isny.de, www.isny.de/kultur-kunst/museen-geschichte/stadtmuseum
KUNSTHALLE IM SCHLOSS: Schloss 1, 88316 Isny, Tel. 07562/91 41 00, info@kunsthalle-schloss-isny.de, www.kunsthalle-schloss-isny.de

Der Campingplatz hält, was sein Name verspricht.

ALT-TRAUCHBURG: Alt-Trauchburg 1, 87340 Weitnau/Kleinweiler, www.allgaeuerseenland.de/aktivitaeten/sehenswuerdigkeiten/burgen/burgruine-alt-trauchburg/
EISTOBEL: Hauptstraße 85, 88167 Grünenbach, Tel. 08383/72 65, www.eistobel.de

WALDBAD CAMPING ISNY

ADRESSE: Lohbauerstraße 59–69, 88316 Isny, Tel. 07562/23 89, info@camping-isny.de, www.camping-isny.de
ANFAHRT: Von der B 12 Richtung Isny-Mitte abfahren und der Beschilderung links in die Lohbauerstraße folgen.
GPS: N 47°40'43", E 10°01'52"
Der Name verrät es schon: Der Campingplatz am Stadtrand von Isny hat einen Badesee und liegt ruhig im Wald. Die Wohnmobile stehen auf drei Ebenen von Bäumen umrahmt. Im Aufenthaltsraum gibt es einen Spieleschrank und eine Leseecke. Für Brötchen zum Frühstück wird gesorgt. Grillstellen laden zum gemütlichen Essen ein. Zu Fuß ist man in einer halben Stunde in der Altstadt von Isny.

WOHNMOBILSTELLPLATZ UNTERE MÜHLE

ADRESSE: Seidenstraße 41, 88316 Isny, Tel. 07562/97 56 30, info@isny-tourismus.de, www.isny.de/urlaub-aktiv/campingplaetze-wohnmobil/wohnmobilstellplaetze-allgaeu.html
ANFAHRT: Von der B 12 Richtung Isny-Ost abfahren, beim zweiten Kreisverkehr die dritte Ausfahrt, beim nächsten Kreisverkehr ebenfalls die dritte Ausfahrt nehmen und dem Straßenverlauf bis zur Seidenstraße folgen.
GPS: N 47°41'40", E 10°02'16"
Der Stellplatz befindet sich nördlich des Kurparks im Zentrum von Isny. Durch den Park gelangt man zu Fuß schnell in die Altstadt. Für 16 Stellplätze sind Strom, Frischwasser und eine Entsorgungsanlage vorhanden. Bis zu zwei Nächte darf man sich auf dem recht ebenen Platz niederlassen. Es gibt einen Rabatt für Wohnmobile der Firma Dethleffs.

KULTUR MIT BERGPANORAMA

Inselurlaub in Lindau am Bodensee

Unterwegs auf dem Bodensee-Radweg mit der Insel im Hintergrund

13

Lindau ist besonders: Der Stadtkern liegt auf einer Insel im Bodensee, die nur über zwei Brücken erreichbar ist – und natürlich per Boot übers Wasser. Allein der Anblick des glitzernden Bodensees vor der Bergkulisse der Alpen ist einen Besuch wert. Bei einem Streifzug durch die Altstadt gibt es viele historische Gebäude zu entdecken.

Auf der westlichen Brücke führen Zuggleise auf die Insel. Daneben gibt es einen Rad- und einen Fußweg. Autos müssen die östliche Brücke nehmen. Allerdings ist es nicht unbedingt empfehlenswert, mit dem Wohnmobil oder Auto zu kommen. Am westlichen Ufer gibt es zwar einen größeren Parkplatz. Hier kann es aber bei gutem Ausflugswetter am Wochenende ziemlich voll und eng werden. Wer also gern läuft oder ein Fahrrad dabeihat, besucht die Stadt besser unmotorisiert.
Eine erste urkundliche Erwähnung von Lindau stammt aus dem Jahr 882. Damals stand auf der Insel ein Frauenkloster. Ab dem 11. Jahrhundert gewann der Ort an Bedeutung, als der Markt von Aeschach am Festland auf die Insel verlegt wurde. Anfang des 20. Jahrhunderts wurden mehrere Orte am Festland eingemeindet. So ist die Insel heute nur ein kleiner Teil von Lindau, aber dafür der interessanteste.

Tipp

Zwischen den zwei Lindauer Brücken gibt es gleich zwei Bootsvermieter. Je nach Laune entscheiden sich Kapitäne auf Zeit für ein Ruder- oder ein Tretboot. Sogar Boote mit Motorantrieb kann man ohne Führerschein leihen.

IN LINDAU SIEHT man fast die ganze Zeit das Wasser des Bodensees. Vorausgesetzt, das Wetter spielt mit, bekommt man schnell Lust zu baden. Dafür gibt es viele Möglichkeiten, unter anderem an der Gerberschanze auf der Insel. Auch auf dem Festland gleich neben Seebrücke kommt man ins Wasser. Besonders stilvoll erfrischt man sich aber im historischen Aeschacher Bad. Der klassizistische Pfahlbau steht im Bodensee. Man erreicht ihn über einen Steg. Lotzbeckweg, 88131 Lindau, Tel. 08382/234 46

13

KLEINE STADTERKUNDUNG

Auf dem Programm steht natürlich ein Rundgang durch die **Altstadt**. Es macht Spaß, sich in den verwinkelten Gassen zu verlieren und sich treiben zu lassen. Nicht verpassen sollte man dabei die **Maximilianstraße**, deren Kopfsteinpflaster an das Mittelalter erinnert. Links und rechts erkennt man die ehemaligen Häuser der wohlhabenden Patrizier an den Giebeln, Gauben und Gemälden. Hier steht auch das prächtige **Alte Rathaus**, das 1422 erbaut wurde. Auf seiner Rückseite befindet sich der Eingang zur **Ehemals Reichsstädtischen Bibliothek**. Eine Ausstellung zeigt hier wechselnde historische Bücher. Am **Marktplatz** gibt es unter anderem das barocke **Haus zum Cavazzen** zu sehen. Es beeindruckt mit seiner bemalten Fassade und dem geschwungenen Dach. In den historischen Mauern befindet sich eigentlich das Stadtmuseum. Allerdings wird das Gebäude gerade umfassend saniert (Stand Frühjahr 2020), sodass die Sammlung nicht zu sehen ist. Dafür werden nun im **Kunstmuseum am Inselbahnhof** wechselnde Ausstellungen gezeigt.

Das Aeschacher Bad steht auf Stelzen im See.

▲ Das Alte Rathaus ist mit vielen Details geschmückt. ◀ Schöne Gassen bestimmen die Altstadt. ▶ Der Bayerische Löwe begrüßt die Schiffe.

Tipp

Der Wochenmarkt auf dem Marktplatz lädt immer samstags zu einem Bummel durch die Stände mit regionalen Köstlichkeiten ein. Zwischen April und Oktober findet er auch jeden Mittwoch statt.

HEISSE SEELEN, eine typische Allgäuer Leckerei, gibt es im Irish Pub: Ein stangenförmiges Weißbrot – genannt »Seele« – wird belegt und warm gemacht. Dass etwas so Einfaches so gut sein kann, davon muss man sich selbst überzeugen. In der Grub 34, 88131 Lindau, Tel. 08382/69 69, Dienstag–Sonntag 17–00.30 Uhr

13

Die **Peterskirche** ist die älteste Kirche Lindaus. Sie hat ihren Ursprung vor über 1000 Jahren und wird auch Fischerkirche genannt, da sie früher dem Schutzpatron der Fischer, Apostel Petrus, geweiht war. Man sollte sich vom unscheinbaren Äußeren des Gotteshauses nicht abschrecken lassen: Der Innenraum ist mit beeindruckenden Fresken geschmückt. Ebenfalls eher schlicht sieht das **Münster Unserer Lieben Frau** von außen aus. Innen ist es mit allem, was der Barock zu bieten hatte, prunkvoll ausgestattet. Das bedeutet: Stuck und Fresken, wohin man blickt.

Ein besonderer Anblick ist der **Diebsturm**. Sein Dach mit den Ecktürmchen ist mit bunten Ziegeln gedeckt. Er wurde Ende des 14. Jahrhunderts errichtet. Sein schöner Anblick steht im Gegensatz zu seiner ehemaligen Funktion: Er war lange das Gefängnis der Stadt. Ebenfalls mit einem hübschen Dach reckt sich der **Mangturm** gen Himmel. Hat man diesen erreicht, ist man an dem Ort angekommen, der einen in Lindau fast magisch anzieht: am **Hafen**. Der Mangturm hatte einst die Funktion eines Leuchtturms. Von hier wurden der Bodensee beobachtet und Signale gegeben. Die Hafeneinfahrt wird von einem riesigen Bayerischen **Löwen** und dem **Neuen Leuchtturm** eingerahmt. Das Raubtier aus Sandstein steht auf einem Sockel, der verrät, wie alt es ist. Im Jahr MDCCCLVI – also 1856 – wurde es fertiggestellt.

Am Ufer des Sees kann man gut die Sonne genießen.

Das Dach des Diebsturms glänzt in der Sonne.

13

Der Leuchtturm ist in den warmen Monaten tagsüber geöffnet. Dann kann man seine 139 Stufen erklimmen und die Aussicht auch von oben genießen. Am Hafen legen außerdem die **Ausflugsschiffe** ab. In der warmen Jahreszeit sind mehrere Rundfahrten im Programm, darunter die Drei-Länder-Panoramafahrt, eine Tour durch die Rorschacher Bucht oder entlang des Lindauer Ufers. Obwohl der Hafen an der Stadt Lindau liegt, gehörte er zwischen 2003 und 2009 den Konstanzer Stadtwerken. Sie kauften ihn zusammen mit den Bodensee-Schiffsbetrieben der Deutschen Bahn ab. Inzwischen ist der Hafen - samt dem symbolischen Löwen - wieder in Lindauer und somit in bayerischer Hand.

Mit etwas Glück und dem passenden Wetter kann man vom Lindauer Hafen einen prächtigen Sonnenuntergang bestaunen. So findet ein schöner Tag einen wunderbaren Abschluss.

MIT BLICK AUF den Hafen trinkt man im »37°« seinen Kaffee. Dazu gibt es in dem bunt eingerichteten Café vegetarische und vegane Leckereien. Außerdem werden unter anderem Bücher, Deko-Artikel und Möbel verkauft. Bahnhof 1 e, 88131 Lindau, Tel. 08382/277 08 03, info@37grad.eu, Dienstag–Sonntag 10–20 Uhr

AUSFLUG AUF DEN PFÄNDER

Vom Gipfel des **Pfänders** (1064 m) hat man einen herrlichen Ausblick über den gesamten Bodensee. Man erreicht den Bregenzer Hausberg von Lindau aus gut mit dem Zug, denn er ist nur fünf Laufminuten von Bahnhof am Bregenzer Hafen entfernt. Eine Bergbahn fährt fast bis auf den Gipfel. Oben ist ein **Alpenwildpark** angelegt, in dem Mufflons, Steinböcke und Murmeltiere zu Hause sind. Von der Bergstation ist die Auswahl an Wanderwegen groß. Entweder man läuft wieder ins Tal hinab oder man dreht oben eine Runde. Auf dem Rücken des Pfänders verläuft ein **Lehrweg** zum Thema Käse. Wer beim Laufen viel über die Leckerei liest, bekommt schnell Appetit. Die Hütten entlang des Weges helfen gern dabei, diesen zu stillen.

Ein besonderes Schmankerl bietet die Bahn für Radfahrer an. Zwischen 8 und 10 Uhr morgens werden Fahrräder kostenlos transportiert. Dann

Der Lindauer Hafen mit Leuchtturm und Mangturm

kann man anschließend ganz gemütlich den Berg hinunterrollen und dabei die Aussicht genießen. Man kann unter anderem auch nach Lochau abfahren und von dort über den Bodensee-Radweg wieder zurück nach Lindau fahren.

EINMAL UM DEN BODENSEE führt ein Radweg. Von Lindau kann man ihn gut ein Stück erkunden – entweder Richtung Westen nach Friedrichshafen oder ins österreichische Bregenz. Der Weg ist gut ausgeschildert und führt oft am Ufer entlang. So kann man sich kaum verfahren. Sportlichen Radlern und jenen mit elektrischer Unterstützung sei eine schöne große Runde empfohlen: von Lindau über Bregenz bis in die Schweiz nach Romanshorn. Von hier legt stündlich eine Fähre nach Friedrichshafen ab. Die Überfahrt dauert 40 Minuten. Wieder am deutschen Ufer angekommen geht es auf dem Radweg gen Osten zurück nach Lindau. Insgesamt ist diese Route rund 80 Kilometer lang. Den Fahrplan der Fähre findet man unter www.bsb.de.

AUF EINEN BLICK

Info

STADT/REGION: Lindau
BESTE REISEZEIT: Mai–Oktober
TOURISTINFO:
Tourist-Information Lindau, Lennart-Bernadotte-Haus, Alfred-Nobel-Platz 1, 88131 Lindau, Tel. 08382/26 00 30, info@lindau-tourismus.de, www.lindau.de

AKTIV UNTERWEGS

EHEM. REICHSSTÄDTISCHE BIBLIOTHEK: Reichsplatz, 88131 Lindau, Tel. 08382/277 59 60, stadtarchiv@lindau.de, www.lindau.de/adresse/ehemals-reichsstaedtische-bibliothek
KUNSTMUSEUM AM INSELBAHNHOF: Maximilianstraße 52, 88131 Lindau, Tel. 08382/274 74 78 50, museum@kultur-lindau.de, www.kultur-lindau.de/museum
PETERSKIRCHE: Oberer Schrannenplatz, 88131 Lindau, www.lindau.de/adresse/peterskirche
MÜNSTER UNSERER LIEBEN FRAU: Fischergasse 12, 88131 Lindau, Tel. 08382/964 70, pg.lindau-insel@bistum-augsburg.de, www.pg-lindau-insel.de
DIEBSTURM: Oberer Schrannenplatz, 88131 Lindau, Tel. 08382/26 00 30, info@lindau-tourismus.de, www.lindau.de/adresse/diebsturm
MANGTURM: Seepromenade, 88131 Lindau, Tel. 08382/26 00 30, info@lindau-tourismus.de, www.lindau.de/adresse/mangturm
AUSFLUGSSCHIFFE: Lindau Hafen, 88131 Lindau, Tel. 07531/364 00, info@bsb.de, www.bsb.de
PFÄNDER: Steinbruchgasse 4, A-6900 Bregenz, Tel. 0043/5574/42 16 00, office@pfaenderbahn.at, www.pfaenderbahn.at

STELLPLATZ BLAUWIESE

ADRESSE: Reutiner Straße, 88131 Lindau, www.lindau.de/adresse/p1-blauwiese

▲ Ein praktischer Parkplatz ◀ Besonders viel vom Bodensee sieht man auf einer Schifffahrt. ▶ Der Platz im Aeschacher Bad ist begrenzt.

ANFAHRT: Auf der B 12 nach Lindau und dem Straßenverlauf der B 12 folgen, bis es mit Beschilderung rechts in die Reutiner Straße geht.

GPS: N 47°33'31", E 9°42'03"

Auf dem großen Parkplatz sind 30 Stellplätze für Wohnmobile ausgewiesen. Die Parkgebühr ist vergleichsweise hoch und der Aufenthalt auf 24 Stunden beschränkt. Der Platz ist also nur geeignet, wenn man sich einen Tag gemütlich Zeit nehmen will, Lindau zu besuchen oder eine Tour auf dem Bodensee-Radweg zu unternehmen. Eine Anlage für Frischwasser und Entsorgung ist vorhanden. Zu Fuß läuft man eine knappe halbe Stunde bis zur Insel. Der Parkplatz wird auch für Park & Ride genutzt, deshalb ist die Anbindung mit dem Bus in die Innenstadt gut.

GESCHICHTE UND GEMÜTLICHKEIT

Ein Wochenende in Wolfegg und Bad Wurzach

Blick auf das Schloss von Wolfegg

14

Dieser Ausflug führt mit dem Wohnmobil in den nordwestlichsten Zipfel des Allgäus. Etwas abseits der typischen Reiseziele der Region geht es hier gemächlich zu. In Wolfegg entführt ein weitläufiges Freilichtmuseum seine Gäste in die Vergangenheit. Ein Moorspaziergang und ein Thermenbesuch lassen sich in Bad Wurzach verbinden.

Die beiden Orte liegen nur 15 Kilometer voneinander entfernt. Deshalb bietet es sich bei einem Kurztrip an, eine Nacht in Wolfegg und eine in Bad Wurzach zu verbringen. Diese Ausflugsziele sind nicht nur bei schönem Wetter eine gute Idee. Auch wenn es nass und grau ist, kann man hier schöne Tage verbringen. Im Freilichtmuseum ist man in den Gebäuden immer wieder vor dem Wetter geschützt. Und am nächsten Tag macht es wenig aus, wenn es bei der Runde durchs Wurzacher Ried etwas kalt ist. Denn gleich danach wartet nebenan die wohlig warme Therme.

BAUERNGESCHICHTE IN WOLFEGG

In Wolfegg kann man überallhin zu Fuß laufen. Vom Stellplatz ist man in guten zehn Minuten am Bauernhaus-Museum. Hier ist die Zeit stehen geblieben. Das heißt, eigentlich sind es gleich mehrere Zeiten: Auf dem Ausstellungsgelände stehen historische Gebäude aus verschiedenen Jahrhunderten. Sie stammen aus unterschiedlichen Regionen in der Nähe und wurden im Museum wiederaufgebaut. Dem ältesten Gebäude begegnet man gleich am Eingang. Es wurde in der ersten Hälfte des 15. Jahrhunderts als Getreidespeicher errichtet. Heute befinden sich hier die Kasse, der Museumsladen und eine Ausstellung über die Schwabenkinder.

Die Häuser stehen auf einem weitläufigen Gelände zwischen Wiesen und Bäumen. Vor den Höfen sind Gärten angelegt. Kühe und Schafe beleben die Weiden. Besucher können in den Häusern alles genau ansehen. Über Treppen geht es bis hinauf auf die Dachböden oder unter die Erde in die Keller. Die Einrichtung ist nur wenig beleuchtet, um einen möglichst authentischen Blick zu gewähren. Es scheint, als wären die Hausbesitzer gerade erst zur Tür hinaus. Aufmerksame Augen entdecken die Details: die abgetragene Kleidung an der Garderobe oder den Bettbezug eines Knechtes, der schon viele Male geflickt wurde.

▲ Schummriges Bauernschlafzimmer ◀ Fachwerkhaus mit vielseitigem Garten ▶ Vor dem Automuseum begrüßt eine bepflanzte Ape die Gäste.

Tipp

Man sollte unbedingt einen Blick ins Veranstaltungsprogramm des Freilichtmuseums werfen. An Aktionstagen beleben traditionelles Handwerk und althergebrachte Handarbeit die Stuben und Werkstätten. In den Ferien wird ein Programm zum Mitmachen angeboten. Am Sonntag und an Feiertagen reichen die Landfrauen in der Museumsküche Versucherle. Nachmittags gibt's eine öffentliche Führung.

DIE GASTSTÄTTE im historischen Fischerhaus steht allen Hungrigen offen. Auf der Karte finden sich regionale Spezialitäten. Besonders empfehlenswert sind die Wildgerichte. Fischergasse 29, 88364 Wolfegg, Tel. 07527/960 37 90, Mai–September Dienstag–Sonntag 10–18 Uhr, März–April und Oktober–November Dienstag–Sonntag 10–17 Uhr, an Feiertagen auf Montag geöffnet

14

BAROCKE SCHÖNHEITEN UND POLIERTE OLDTIMER

Das Bild des Ortes ist von Schloss Wolfegg geprägt, das oben auf einem Hügel liegt und somit fast immer zu sehen ist. Die Renaissance-Anlage stammt vom Ende des 16. Jahrhunderts. Sie ist noch heute in Besitz der Adelsfamilie Waldburg-Wolfegg und kann deshalb normalerweise nicht besucht werden. Doch jedes Jahr finden hier im Bankettsaal und im Rittersaal Konzerte statt, in deren Rahmen auch Führungen angeboten werden. Dafür meldet man sich bei der Touristinfo an. Wer nicht die Möglichkeit bekommt, sich die Barocksäle des Schlosses anzusehen, der besucht die prächtige Pfarrkirche St. Katharina, die im selben Stil ausgestaltet ist. Zwischen Altären, Stuck und Fresken findet man hier Hinweise auf das Haus Waldburg. Im Deckengemälde ist einer der Vertreter der Linie dargestellt und noch heute werden die Angehörigen dieses Adelsgeschlechts in der Gruft beigesetzt. Besonders sehenswert ist auch die Orgel.
Die nächste Station ist ebenfalls geschichtlich interessant und doch von einem ganz anderen Schlag. Das Automuseum zeigt historische Gefährte: vor allem Oldtimer aus den 60er-, 70er- und 80er-Jahren, aber auch außergewöhnliche jüngere. Da die Ausstellung mit Leihgaben arbeitet, gibt es hier immer wieder Neues zu sehen. Andere Teile des Museums präsentieren unter anderem alte Feuerwehrtechnik und frühe Computer.

ÜBER DIE KISSLEGGER SEENPLATTE kann man eine schöne Radtour unternehmen. Als Pausenort bieten sich eines der Seeufer oder der Ort Kißlegg an. Hier gibt es unter anderem zwei Schlösser - ein neues und ein altes - zu sehen. Die Route verlässt Kißlegg in Richtung Osten. Bei Neuhaus biegt sie nach Norden. Nun geht es am Stockweiher und am Metzisweiler Weiher vorbei in einer großen Kurve zum Langwuhrweiher. Nach dem Holzmühleweiher geht es dann Richtung Süden nach Kißlegg. Ein möglicher Rückweg führt über Unterriedgarten und Rötenbach wieder nach Wolfegg. Die Runde ist rund 30 Kilometer lang. Zum Fahren kann man also zwischen zwei und drei Stunden einplanen. Am Holzmühleweiher gibt es ein Naturfreibad.

14

MOORERLEBNIS HAUTNAH

In Bad Wurzach dreht sich alles ums Moor. Nördlich des Ortes liegt das **Wurzacher Ried**, das mit seinem weitläufigen Wegenetz zu Erkundungstouren zwischen Torfmoos, Birken und Libellen einlädt. Am besten unternehmen Wanderer einen Abstecher ins **Naturschutzzentrum**, bevor sie sich auf den Weg machen. Hier gibt es Informationen über das Moor und Material zum Mitnehmen.

Auf den Pfaden durchs Moor gibt der Boden teilweise nach, sodass sich das Laufen ganz weich anfühlt. An den sumpfigen Stellen schützen Bohlenwege die Füße und die Natur. Unterwegs kann man das Moor nicht nur sehen, hören und riechen – sondern auch spüren. Über Treppen gelangt man mitten in den Matsch hinein. Auch ein Becken zum Wassertreten gibt es. Wer das Moor also so direkt kennenlernen möchte, packt am besten ein Handtuch ein.

Das Neue Schloss in Kißlegg ist ein schönes Ziel für eine Radtour.

Ein Spaziergang im Ried kann eine halbe oder mehrere Stunden dauern.

Von Schilf umgeben liegt der Riedsee da. Er ist durch den Abbau von Torf entstanden. Ist die Oberfläche seines dunklen Moorwassers glatt, spiegeln sich hier sehr schön die Umgebung und der Himmel. Ganz anders ist das bei den Haidgauer Quellseen: Ihr Wasser ist ganz klar und so leuchten sie in hellen Tönen von Grün bis Blau. Überhaupt macht das Wurzacher Ried übers Jahr eine ganze Farbpalette durch. Im Winter ist es frostig weiß, anschließend macht sich frisches Grün breit und die ersten Blumen beginnen zu blühen. Während das Frühjahr langsam zum Sommer wird, bekommt die Landschaft dann wieder weiße Tupfer, wenn das Wollgras seine namensgebenden Köpfe zeigt. Im Hochsommer taucht Heidekraut das Moor in rosarote Farbtöne, bevor der Herbst die orangen und braunen Töne bringt.

Interessantes zur Nutzung des Moores erfahren Besucher im Torfmuseum. Es ist an jedem zweiten Wochenende zwischen Frühjahr und Herbst geöffnet. An diesen Tagen fährt hier auch die historische Torfbahn ab. Jederzeit geöffnet ist der Torflehrpfad. Auf der Fahrt mit der Bahn gibt es alte Maschinen zu sehen, die für den Abbau genutzt wurden. Auch die Schienen, auf denen das Bähnle fährt, stammen von dem ehemals hier ansässigen Torfwerk.

14

WER MEHR über das Naturschutzgebiet erfahren möchte, besucht die Ausstellung »Moor extrem« im Informationszentrum. Stationen zum Mitmachen vermitteln naturwissenschaftliche Hintergründe anschaulich. Hier lernt man, wieso es so wichtig ist, bestehende Moorflächen zu schützen. Rosengarten 1, 88410 Bad Wurzach, Tel. 07564/30 21 90, naturschutzzentrum@wurzacher-ried.de, April–Oktober 10–18 Uhr, November–März 10–17 Uhr

Mit Stiefeln und Schirm ist es im Moor bei Regen schön und einsam.

Der Stadtbrunnen vor dem Bad Wurzacher Schloss

WOHLFÜHLEN IN DER THERME

Die Vitalium-Therme in Bad Wurzach ist im Vergleich mit ähnlichen Häusern im Allgäu eher klein. Sie hat aber auch auf begrenztem Raum alles, was man zum Entspannen braucht. Im Innen- und Außenbecken erholen sich Gäste im warmen Wasser und an den Massagedüsen. In vier verschiedenen Saunen kann man ausgiebig schwitzen. Besonders sind die angebotenen Mooranwendungen. Zum Beispiel kann man in einem Holzzuber voll wärmendem Schlamm baden.

AUCH IN BAD WURZACH gibt es ein Schloss. Es stammt aus dem 18. Jahrhundert. Täglich besuchen kann man sein barockes Treppenhaus, das mit großzügig geschwungenen Treppen, Säulen und Gemälden ein überwältigender Anblick ist. Schnell wandern die Augen beim Besuch nach oben. Die farbenfrohen Fresken dort stellen die griechischen Götter und die Sage von Herkules dar. Marktstraße 9, 88410 Bad Wurzach

AUF EINEN BLICK

Info

STADT/REGION: Wolfegg und Bad Wurzach
BESTE REISEZEIT: ganzjährig
TOURISTINFO: Tourist-Information Wolfegg, Rötenbacher Straße 13, 88364 Wolfegg, Tel. 07527/96 01 51, wolfegg.info@wolfegg.de, www.wolfegg.de; Tourist-Information Bad Wurzach, Rosengarten 1, 88410 Bad Wurzach, Tel. 07564/30 21 50, service@bad-wurzach-info.de, www.bad-wurzach.de

AKTIV UNTERWEGS

BAUERNHAUS-MUSEUM: Vogter Straße 4, 88364 Wolfegg, Tel. 07527/955 00, info@bauernhaus-museum.de, www.bauernhausmuseum-wolfegg.de
ST. KATHARINA: Chorherrengasse 5, 88364 Wolfegg, Tel. 07527/62 13, st.katharina.wolfegg@t-online.de, www.wolfegg.de/tourismus-freizeit/sehenswertes/kirche
AUTOMUSEUM: Fritz-B.-Busch-Weg 1, 88364 Wolfegg, Tel. 7527/921 03 90, info@automuseum-wolfegg.de, www.automuseum-wolfegg.de
NEUES SCHLOSS KISSLEGG: Schlossstraße 8, 88353 Kißlegg, Tel. 07563/93 61 42, tourist@kisslegg.de, www.kisslegg.de/buerger/freizeit-kultur/ausflugsziele/neues-schloss
TORFMUSEUM UND TORFBAHN: Dr.-Harry-Wiegand-Straße 4/1, 88410 Bad Wurzach, Tel. 07564/31 67, vincon@torfbahn.de/info@oberschwaebisches-torfmuseum.de, www.torfbahn.de
VITALIUM-THERME: Karl-Wilhelm-Heck-Straße 8, 88410 Bad Wurzach, Tel. 07564/30 42 50, info@vitalium-therme.de, www.vitalium-therme.de

REISEMOBILHAFEN LORETOPARK WOLFEGG

ADRESSE: Rötenbacher Straße 13, 88364 Wolfegg, Tel. 07527/96 01 51, wolfegg.info@wolfegg.de, www.wolfegg.de/tourismus-freizeit/reisemobilhafen-loretopark

ANFAHRT: Auf der Rötenbacher Straße durch Wolfegg fahren, am Ortsausgang links auf den Parkplatz.
GPS: N 47°48‘57“, E 9°47‘52“
Der Stellplatz befindet sich am Ende eines Parkplatzes und ist durch Bäume und Büsche von der Straße abgeschirmt. Außerdem ist er etwas tiefer gelegen als die Straße. Strom, Frischwasser und Entsorgungsanlage sind vorhanden. Bezahlt wird am Automaten mit Münzen. Ins Ortszentrum sind es fünf Minuten zu Fuß.

◀ Stellplätze im Grünen in Wolfegg ... ▶ ... und Bad Wurzach

STELLPLATZ BAD WURZACH

ADRESSE: Riedhalde, 88410 Bad Wurzach, Tel. 07564/30 21 50, service@bad-wurzach-info.de, www.bad-wurzach.de/gaeste-freizeit/wohnmobilstellplatz/informationen.html
ANFAHRT: Über die Riedhalde am östlichen Ortsrand muss man nicht durch die Stadt fahren; der Beschilderung zum Stellplatz folgen.
GPS: N 47°54‘53“, E 9°54‘14“
Der Stellplatz in Bad Wurzach befindet sich in unmittelbarer Nähe zur Vitalium-Therme, direkt neben einem Feld, auf dem man den Rehen beim Springen zusehen kann. Auch das Wurzacher Ried ist zu Fuß nur 15 Minuten entfernt, ebenso wie das Ortszentrum. Die Anmeldung erfolgt in der Therme. Dafür sollte man sich die Platznummer merken. Eine Reservierung im Vorfeld ist möglich. Der Stromanschluss ist inklusive. Frischwasser und eine Entsorgungsmöglichkeit sind vorhanden.

ORTS- UND SACHREGISTER

Stell- und Campingplätze

IMPRESSUM

Verantwortlich: Kerstin Thiele,
Sarah Schindler
Lektorat: Michaela Zelfel
Layout- und Umschlaggestaltung:
Helene Schumacher
Satz: Silke Schüler
Repro: LUDWIG:media
Kartografie: Huber Kartografie
Herstellung: Anna Katavic,
Stephanie Schlemmer
Printed in Slovenia by Florjancic

★★★★★

Sind Sie mit diesem Titel zufrieden? Dann würden wir uns über Ihre Weiterempfehlung freuen. Erzählen Sie es im Freundeskreis, berichten Sie Ihrem Buchhändler, oder bewerten Sie bei Onlinekauf. Und wenn Sie Kritik, Korrekturen, Aktualisierungen haben, freuen wir uns über Ihre Nachricht an Bruckmann Verlag, Postfach 40 02 09, D-80702 München oder per E-Mail an lektorat@verlagshaus.de.

Unser komplettes Programm finden Sie unter www.bruckmann.de

Alle Angaben dieses Werkes wurden von der Autorin sorgfältig recherchiert und auf den neuesten Stand gebracht sowie vom Verlag geprüft. Für die Richtigkeit der Angaben kann jedoch keine Haftung übernommen werden, weshalb die Nutzung auf eigene Gefahr erfolgt. Insbesondere bei GPS-Daten können Abweichungen nicht ausgeschlossen werden. Sollte dieses Werk Links auf Webseiten Dritter enthalten, so machen wir uns die Inhalte nicht zu eigen und übernehmen für die Inhalte keine Haftung.

In diesem Buch wird aus Gründen der besseren Lesbarkeit das generische Maskulinum verwendet. Weibliche und anderweitige Geschlechteridentitäten werden dabei ausdrücklich mitgemeint, soweit es für die Aussage erforderlich ist.

Bildnachweis: Alle Bilder im Innenteil und auf der Umschlagrückseite stammen von der Autorin, außer: S. 5: Friederike Becker-Schulte; 46 u. (2): Allgäuer Bergbauernmuseum/R. Lienert; Mauritius Images: S. 47, 87, 155: Martin Siepmann; 128: Westend61/Lisa Und Wilfried Bahnmüller; Picture Alliance: S. 33: Alexander Bernhard/CHROMORANGE; 133: chromorange; Shutterstock: 17: Hagen Simon; 60: Kate_gps; 70: Manninx; 86: Mustafa Kurnaz;: Mitoria; 90: jooh; 97: LazarenkoD;; 131: Erwin Widmer; 135: Alexander Rochau; 141: ArTono; 148: msgrafixx; 153: cityfoto24; Illustrationen: Tiwat K: passim, arrows.

Umschlagvorderseite: Der Seealpsee oberhalb des Oytals in den Allgäuer Alpen (Shutterstock/ Robert Schneider)
Umschlagrückseite: Auf dem Weg in die Berge

Die Deutsche Nationalbibliothek verzeichnet diese Publikation in der Deutschen Nationalbibliografie; detaillierte bibliografische Daten sind im Internet über http://dnb.d-nb.de abrufbar.

© 2020 Bruckmann Verlag GmbH, Infanteriestraße 11a, 80797 München
ISBN 978-3-7343-1688-3